AF283760

El arte de soltar

Buda y sus discípulos

El arte de soltar

Un manual de sabiduría budista
para vivir con desapego

*Selección e introducción de
Jay L. Garfield, Maria Heim
y Robert H. Sharf*

Título original: *How to lose yourself*
© Princeton University Press, 2025
© de la traducción del inglés Jacinto Pariente, 2025
© Ediciones Kōan, s.l., 2026
c/ Mar Tirrena, 5, 08912 Badalona
www.koanlibros.com • info@koanlibros.com
ISBN: 978-84-10358-35-5 • Depósito legal: B-23318-2025
Diseño de cubiertas de colección: Claudia Burbano de Lara
Maquetación: Cuqui Puig
Impresión y encuadernación: Liberdúplex

Impreso en España / *Printed in Spain*

1ª edición, enero de 2026

ÍNDICE

INTRODUCCIÓN

Por Jay L. Garfield, Maria Heim
y Robert H. Sharf

Encontrarse a uno mismo. Autoconsciencia. Autopromoción. Autodescubrimiento. Autoayuda. Autoconocimiento. Autorrealización. Egocentrismo. Autoimportancia. Amor propio. Interés propio. Autosuficiencia. Autoindulgencia. Autoengaño. ¡Se diría que estamos obsesionados con nosotros mismos!

Hace veinticinco siglos, Buda consideraba que toda esta preocupación por el yo era un gran error. Cuando tratamos de comprenderlo, lo primero que constatamos es su naturaleza huidiza, cambiante e inestable. Al analizarnos por dentro, resulta muy difícil averiguar dónde está o qué es esa presunta entidad inmutable. No hay duda de que somos *personas*, es decir, individuos identificables por nosotros mismos y por los demás (siempre y cuando el «yo» que habita en «nosotros mismos» se escriba en minúsculas y aluda a un concepto convencional de la persona, no a una realidad metafísica). El error consiste en pensar que determinadas categorías lingüísticas como los pronombres y palabras de uso constante como *yo*, *me* y *mío* tienen un referente real y esencial. Cuando Buda analizó la experiencia humana hasta sus elementos básicos (aquellos que componen la consciencia, las sensaciones, la percepción, los rasgos característicos y el cuerpo físico), descubrió que la persona está sujeta al cambio permanente y, por lo tanto, carece de esencia o sustrato inmutable. Es decir, descubrió que no había un yo permanente.

También descubrió que la preocupación por el yo, los continuos intentos por fabricarlo y apuntalarlo, la obsesión por la identidad y el egoísmo incesante son causas importantes, si no principales, del sufrimiento humano. El mundo moderno fomenta la obsesión por el yo, así que es habitual creer que la clave de la felicidad es «encontrarse a uno mismo». La consecuencia es que cultivamos con minuciosidad una identidad única en las redes sociales, nos animamos los unos a los otros a autoafirmarnos y vivimos convencidos de que llevar una existencia saludable requiere una autoestima sólida y un fuerte sentido del ego. Se nos exige ser independientes, valernos por nosotros mismos, pensar de manera original. Quienes consiguen los mejores puestos de trabajo son expertos en el arte de la autopromoción. A los niños se les enseña a cultivar la autoestima. Emprendemos búsquedas interiores.

Detrás de todo este frenesí por cultivar y desarrollar un yo subyace una inseguridad básica impulsada por el temor y el deseo. Anhelamos una identidad fija y una esencia autónoma con la que atravesar las vicisitudes y la mutabilidad de la vida humana. Nos imaginamos que el yo es un centro fundamental por completo independiente de los demás y no corrompido por el mundo. Nos dejamos la piel en fabricar, cultivar y pulir un yo autónomo modelado con esmero.

¡Es mejor desprenderse del yo! Para Buda, al liberarnos del yo vemos con mayor claridad las innumerables causas y condiciones que conforman la experiencia y nos hacen quienes somos. La condición humana está hecha de esos cambios, no un centro único e inmutable capaz de resistir a los vaivenes físicos y emocionales. Cuando permitimos que las fantasías del yo se disuelvan, percibimos la naturaleza radicalmente interdependiente de la existencia. Solo entonces tomamos consciencia de que los seres humanos somos ricos y complejos, pues tanto el mundo como la sociedad nos moldean de manera constante y dinámica. Somos reconocibles como personas a través del relativamente continuo fluir de acontecimientos que nos da forma en el tiempo. En ese fluir no hay yo.

Un examen más pormenorizado de las causas y condiciones de la vida humana nos permite identificar las causas del sufrimiento, que, según

Buda, son principalmente el deseo, la aversión y la ignorancia, y aprender a desprendernos de ellas. Si el yo es una ilusión sostenida por nuestro apego a él y el rechazo de todo lo que lo amenace, desprenderse de él es un objetivo clave para quienes persiguen el perfeccionamiento moral y la liberación espiritual. Lo interesante es que el resultado de desprendernos del yo sea liberarnos de la ansiedad, el temor, la avaricia y el odio, lo cual, según Buda, conduce a su vez al fin del sufrimiento.

Buda sabía muy bien que sus enseñanzas iban a contracorriente. Los pensadores de la India antigua ya intuían ese yo al que nos referimos con la palabra *yo*. Estamos convencidos de que «yo» no cambia con el tiempo, es decir, que el «yo» que asistió a la fiesta del día en que cumplimos cinco años es el mismo que el que lee estas líneas años o incluso décadas después. Buda, sin embargo, sostenía que una introspección profunda confirmaría su postura. La memoria, las experiencias, los pensamientos y la consciencia de sí de aquella criatura de cinco años son distintos a los de la persona que somos en este preciso momento. Sin embargo, sentimos que la continuidad es real. Buda tuvo que formular una explicación lógica de esa intuición de continuidad que experimentamos, aunque insistió en que esa sensación de continuidad no basta para probar la existencia de una esencia metafísica inmutable y eterna.

Los pensadores budistas posteriores entendieron que Buda hablaba en dos registros: el convencional y el de la verdad última. Cuando hablamos en registro convencional usamos palabras como *yo* y *me* e ideas comunes como la de que somos siempre (más o menos) la «misma» persona. En cambio, para tomar la distancia que nos permita indagar qué es la realidad *última* y liberarnos de la ansiedad de la ilusión del yo, tenemos a nuestra disposición una serie de técnicas analíticas y terapéuticas que lo desmantelan. Cuando los budistas usan el registro profundo, califican al yo de «vacío». Con ello quieren decir que, en realidad, la palabra *yo* no alude a un referente real.

Negar que haya un yo esencial es afirmar la interdependencia radical de la persona. Estamos hechos de fenómenos mentales y físicos complejos y en constante cambio que se moldean y dan forma unos a otros de manera dinámica. Descubrir que el yo está vacío de esencia autónoma es abrirnos y darnos cuenta de la infinidad de fenómenos que somos en realidad.

Los textos del presente libro proceden de varias escuelas pertenecientes a la extensa y heterogénea tradición del budismo. El budismo se originó en el norte de la India; comenzó a extenderse por Asia hace dos mil quinientos años, y desde entonces continúa en constante evolución y cambio. Su influencia es global. Por todo el mundo y en los idiomas más diversos, la doctrina del no-yo fascina a los pensadores budistas. Este libro presenta tres de las muchas escuelas que han profundizado en las enseñanzas de Buda. El criterio organizativo de los textos es temático, no cronológico. Comenzamos con las fuentes indias, que contienen los principios básicos del no-yo; a continuación, pasamos a las enseñanzas del «Gran Vehículo» indio con algunos comentarios tibetanos que las completan, y, por último, hemos seleccionado algunos textos representativos de la confluencia del budismo indio y la tradición china del Chan.

El primer capítulo se centra en una de las primeras escuelas budistas cuyas enseñanzas se conservan en pali, uno de los idiomas de la India antigua. El *Canon Pali* es el compendio más antiguo de «las palabras de Buda» que se conserva en una lengua india. Es importante señalar que el propio Buda nunca puso sus enseñanzas por escrito. El budismo, como otras tradiciones de la época, se transmitió al principio de forma oral. El budismo *Theravada* en el sudeste asiático se ocupó de plasmarlas en documentos escritos y desde allí se expandieron por el mundo. También hemos incluido algunos fragmentos breves de dos obras posteriores de la escuela *Theravada* que nos permitirán profundizar en la comprensión de las enseñanzas del no-yo y abordarlas con más precisión.

El segundo capítulo es una selección de las tesis más rigurosas de la doctrina del no-yo, formuladas en la India aproximadamente a partir del siglo II d. C. y recogidas más tarde por el budismo tibetano, que enriqueció con ellas su propia tradición filosófica. El filósofo indio Nagarjuna se enfrentó con sus detractores no budistas en disputas lógicas y feroces debates en los que demostró que la persona es vacía de esencia, lo mismo que los objetos. Sus enseñanzas fueron la base de siglos de comentarios y debates en India, Tíbet y Asia Oriental. Hemos elegido a dos de sus comentaristas, el indio Chandrakirti, del siglo VII, y el tibetano Tsongkhapa, de los siglos XIV y XV. Los textos de esta sección han sido traducidos del tibetano.

En la tercera parte pasamos a los textos de los inicios de la tradición Chan, escritos en chino. Esta tradición (*Zen*, en japonés) hace hincapié en la meditación (el término *Chan* deriva de la pronunciación china de la palabra sánscrita para «meditación»), cuya meta es la realización personal y la encarnación de lo esencial. Las enseñanzas de la escuela Chan recibieron la influencia de la doctrina budista india de solo-mente (*cittamatra*), una forma de idealismo filosófico. Para los pensadores de esta doctrina, el mundo que percibimos consiste en representaciones mentales y cualquier idea de un mundo real independiente de la representación que nos hacemos de él no es más que otra idea. Una posible interpretación de estas enseñanzas es que el yo es vacío, pero la mente es real. Sin embargo, los dos autores incluidos en este capítulo no están de acuerdo, ya que creen que lleva a convertir la mente en un sustituto del yo: es decir, en otra forma de apego. El objetivo es desprenderse de toda idea del yo y del mundo, silenciar el pensamiento y entregarse a la contemplación. Según ambos autores, desprenderse del yo no significa desprenderse solo del ego, sino también de todo aquello que pueda sustituirlo.

Los tres capítulos ofrecen una muestra de algunos de los métodos con los que los filósofos budistas han tratado de explicar los potentes efectos terapéuticos de liberarse de la ilusión del yo. Las

enseñanzas del budismo temprano del *Canon Pali*
muestran cómo podemos analizar a la persona y
sus componentes para revelar los fenómenos cambiantes que conforman la vida humana, fenómenos
que, por mucho que los analicemos, nunca revelan
un yo inmutable y eterno. El pensamiento budista
indio y tibetano posterior somete estas ideas a una
rigurosa revisión filosófica, que extrae una demostración lógica de la no existencia del yo. Por último, las enseñanzas de la tradición Chan devuelven
ese debate al ámbito de lo terrenal con el objeto de
que dejemos de *pensar* en la no existencia del yo y
pasemos a *experimentar* su ausencia.

Los textos seleccionados son todos diálogos
entre interlocutores reales o imaginarios que intercambian preguntas y objeciones, con lo que generan un animado intercambio de puntos de vista.
Invitamos al lector a participar en ellos y a leerlos
con una actitud de investigación creativa. Cuando
nos desprendemos del yo, así como de las demás
ilusiones que la mente fabrica, despertamos a la
presencia de las cosas tal y como son en realidad.

EL ARTE DE SOLTAR

PRIMERA PARTE

ENSEÑANZAS DEL BUDISMO TEMPRANO

Maria Heim

Comenzamos con una selección de escrituras del budismo temprano, extraídas del *corpus* de enseñanzas del budismo Theravada en lengua pali. Estas enseñanzas proceden de la India antigua, donde los filósofos debatían sobre la naturaleza y la existencia del alma (*atman*), concebida como el núcleo metafísico de la persona y el testigo único e inmutable de los vaivenes de la experiencia ordinaria. A diferencia de las Upanishad, que postularon y desarrollaron esta idea, Buda rechazó categóricamente toda noción de un yo permanente o de una esencia en la persona. También la noción de un alma como la que postulaba la tradición jaina, según la cual cada ser posee un alma eterna e individual (*jiva*). Está claro que en la India antigua este asunto fue objeto de intensos debates.

Los diálogos que Buda mantuvo con los discípulos de diversos monasterios durante su etapa de maestro demuestran que no creía en la existencia de un yo permanente o de un alma que existieran aparte del flujo siempre cambiante de los fenómenos que experimentamos y que constituyen lo que somos como personas. Por supuesto, los seres humanos percibimos esos fenómenos como algo en gran medida continuo, y la creencia de que esa continuidad es más o menos permanente es lo que genera la sensación de tener un yo. Sin embargo, cuando analizamos los componentes del flujo de la experiencia, en lugar de esencias o centros inmutables, solo encontramos fenómenos cambiantes y condicionados. Como dice Buda en una conversación con su discípulo cercano Ananda, que recogemos en esta antología, la percepción sensorial del mundo está «vacía» de esencia. Ni los ojos con los que vemos, ni los objetos visibles, ni el acto de contacto visual entre ambos poseen una esencia inmutable ni un yo permanente. Las experiencias sensoriales no son esenciales y permanentes pues están condicionadas por miles de factores mutables. En este sentido, el mundo de nuestra experiencia, que por otra parte es el único que percibimos, está vacío de esencia.

Aparte del examen de lo que percibimos por los sentidos, disponemos de otros métodos para analizar la experiencia humana. Un análisis budista clásico descompone a la persona en cinco «agregados» de fenómenos momentáneos, que a su vez se pueden examinar más a fondo. Mientras que Descartes dividía a la persona en cuerpo y mente, los cinco agregados del budismo permiten un examen más sutil, metafísicamente preciso, y por tanto más útil. Son los siguientes: la experiencia física, es decir, la forma en que percibimos el mundo material; las percepciones, que incluyen el sentir y nombrar lo percibido; las sensaciones, es decir, la dimensión hedónica de la experiencia; las formaciones mentales, que abarcan las numerosas formas en las que se combinan pensamientos, inclinaciones, personalidad, recuerdos, motivación, etcétera; y, por último, la consciencia, es decir, el acto de ser conscientes.

Para Buda, el examen empírico profundo demuestra que no existe un yo permanente aparte de esos agregados de fenómenos y que ninguno de ellos conforma un yo, pues no son permanentes ni inmutables. Examinados por separado, ninguno de esos agregados de fenómenos cambiantes corresponde a lo que designamos con términos como *yo*, *mío* o *mí mismo*. Todos juntos representan la totalidad de la experiencia humana. Los siguientes textos sugieren que cuando las personas sabias someten su propia experiencia a este tipo de análisis, coinciden con Buda en que no existe un yo permanente o centro esencial.

Los agregados se describen mediante analogías muy expresivas. La experiencia física y las sensaciones, que son vacías, transitorias e insustanciales, se comparan con remolinos de espuma y burbujas de agua. La percepción de un momento es como un espejismo en el desierto, que se ve un instante para desaparecer de inmediato. Las formaciones mentales que conforman las inclinaciones, los pensamientos, la personalidad, la imaginación, los recuerdos y las maneras de construir la realidad son como el tronco del plátano, formado por vainas de hojas enrolladas unas sobre otras y carente de corazón de madera. Un instante de consciencia es como el truco de un ilusionista, una percepción fugaz y parcial que parece aprehender la realidad, pero que cambia al instante siguiente.

Después de demostrar que el análisis echa por tierra cualquier idea de una esencia permanente o inmutable, Buda pasa a explicar por qué la sensación de tener un yo y la intuición de que ese yo es estable resultan tan intensas. Para él, el yo es un constructo que define como «construir un "yo", construir un "mío" y la tendencia al orgullo». Esos constructos del yo y del mío están arraigados en el lenguaje mismo por medio de los pronombres que, aunque sean hasta cierto punto útiles en el día a día, son ficciones que enmascaran los miles de fenómenos cambiantes que nos dan forma.

En la sección final de este primer capítulo veremos que los constructos nos producen ansiedad cuando nos aferramos a los objetos del mundo, que no se pueden obtener de forma duradera, pues son por definición impermanentes y dependientes de múltiples factores. Concebidos como entidades esencialmente perdurables, los objetos externos no tienen una existencia real. Estamos destinados a perderlos y experimentar frustración y sufrimiento. Por otra parte, también nos aferramos a nuestros estados internos como si fueran a perdurar incluso después de la muerte, cuando el análisis empírico apunta a lo contrario. La solución es liberarse de las obsesiones en torno al yo permanente y dejar de estar sujetos a la ansiedad y la aflicción que provoca el apego a los constructos. Desprendernos de las ilusiones que construimos conduce a la liberación del sufrimiento y la ansiedad, y cuando esa liberación se realiza plenamente, se alcanza el nirvana, es decir, el estado de completa ausencia de codicia, odio, engaño y sufrimiento.

El mundo es vacío

El venerable Ananda se acercó a Buda y le preguntó:

—Maestro, se dice que «el mundo es vacío, el mundo es vacío». ¿En qué sentido, maestro, se dice que el mundo es vacío?

—Decimos que el mundo es vacío, Ananda, porque está vacío de yo y de todo lo que pertenece al yo. ¿Qué está vacío de yo y de todo lo que pertenece al yo? El ojo está vacío de yo y de todo lo que pertenece al yo. El objeto visible está vacío de yo y de todo lo que pertenece al yo; la consciencia visual está vacía de yo y de todo lo que pertenece al yo, y el contacto visual está vacío de yo y de todo lo que pertenece al yo. Es más, cualquier cosa que experimentemos, ya sea placentera, dolorosa o ni placentera ni dolorosa, surge del contacto mental y está vacía de yo y de todo lo que pertenece al yo. Ananda, decimos que el mundo es vacío porque está vacío de yo y de todo lo que pertenece al yo.

Esto sucedió en Savatthi.

—Monjes, ¿cuál es vuestra opinión? ¿Pensáis en la experiencia física de la siguiente manera: «Eso es mío, yo soy eso, mi yo es eso»?

—No, maestro.

—¡Bravo! No penséis «eso es mío, yo soy eso y mi yo es eso» de la experiencia física. Por el contrario, para comprenderla de modo correcto hay verla tal cual es: «Eso no es mío, eso no soy yo, eso no es mi yo». ¿Y qué hay de las percepciones, las sensaciones, las formaciones mentales y la consciencia? ¿Pensáis de ellas «eso es mío, yo soy eso, mi yo es eso»?

—No, maestro.

—¡Bravo! Para comprender de modo correcto la consciencia hay que verla tal cual es, sin pensar «eso es mío; yo soy eso; mi yo es eso». Cuando obramos de esa forma, lo que debería hacerse ya está hecho, y se comprende que no queda nada más por alcanzar.

Esto sucedió en Savatthi.

—Monjes, yo no discuto con el mundo: es el mundo el que discute conmigo. Monjes, quien abraza la enseñanza no discute con nadie en el mundo. Cuando los sabios están de acuerdo en que algo no existe en el mundo, yo también afirmo que no existe. Y cuando los sabios están de acuerdo en que algo existe en el mundo, yo afirmo que existe.

»¿Qué es lo que los sabios del mundo están de acuerdo en que no existe, que yo también afirmo que no existe? Monjes, los sabios del mundo están de acuerdo en que la experiencia física permanente, estable, eterna y no sujeta a cambio no existe y yo coincido con ellos en que no existe. Los sabios del mundo también están de acuerdo en que no existen las sensaciones, las percepciones, las formaciones mentales y la consciencia que sean permanentes, estables, eternas y no sujetas a cambio, y yo también afirmo que no existen. Monjes, los sabios del mundo están de acuerdo en que eso no existe y yo coincido con ellos en que no existe.

»Monjes, en esta esfera ocurren fenómenos mundanos. Buda se da cuenta de ello y lo comprende. Cuando lo ha percibido y comprendido, lo describe, lo enseña, lo define, lo señala, lo revela, lo analiza y lo explica.

»¿Qué fenómeno mundano tiene lugar en el mundo que Buda percibe y comprende, y que, una vez percibido y comprendido, describe, enseña, define, señala, revela, analiza y explica? La experiencia física, monjes, es un fenómeno mundano que Buda percibe y comprende, y que, una vez percibido y comprendido, describe, enseña, define, señala, revela, analiza y explica.

»Monjes, mientras Buda describe, enseña, define, señala, revela, analiza y explica de este modo, quienes no saben ni comprenden son personas necias y ordinarias, ignorantes, ciegas, incapaces de ver y de comprender. ¿Qué tengo yo que ver con gente así? Lo mismo sucede con las sensaciones en cuanto fenómenos mundanos en esta esfera, así como con las percepciones, las formaciones mentales y la consciencia. Buda percibe y comprende estas cosas, y una vez las ha percibido y comprendido, las describe, las enseña, las define, las señala, las revela, las analiza y las explica.

Un remolino de espuma

En cierta ocasión en la que Buda se alojaba en Ayujjha, a orillas del Ganges, dijo a los monjes:

—Monjes, supongamos que el Ganges forma un remolino de espuma y una persona con buena vista lo percibe, reflexiona sobre ello y lo investiga a fondo. Al verlo, reflexionar sobre ello e investigarlo a fondo, llega a la conclusión de que el remolino de espuma es vacío, hueco y carente de sustancia esencial. Pues, monjes, ¿qué sustancia esencial podría contener un remolino de espuma? De igual modo, cuando el monje ve una experiencia física, reflexiona sobre ella y la investiga a fondo, ya sea pasada, presente o futura, lejana o cercana, llega a la conclusión, después de verla, reflexionar sobre ella e investigarla a fondo, de que es vacía, hueca y carente de sustancia esencial. Pues ¿qué sustancia esencial podría contener la experiencia física?

»Supongamos ahora que cuando caen sobre el río gruesas gotas de lluvia en otoño, en la superficie del agua aparece y se disuelve una burbuja de agua, y una persona con buena vista la ve, reflexiona sobre ella y la investiga a fondo. Tras verla, reflexionar sobre ella e investigarla a fondo, llega a la conclusión de que la burbuja es vacía, hueca y carece de sustancia esencial. Pues, monjes, ¿qué sustancia podría contener una burbuja de agua? De igual modo, cuando el monje ve una sensación, reflexiona sobre ella y la investiga a fondo, ya sea pasada, presente o futura, lejana o cercana, llega a la conclusión, después de verla, reflexionar sobre ella e investigarla a fondo, de que es vacía, hueca y carente de sustancia esencial. Pues ¿qué sustancia esencial podría contener la sensación?

»Supongamos también, monjes, que, en el último mes del verano, a mediodía, aparece un espejismo resplandeciente. Una persona con buena vista lo ve, reflexiona sobre él y lo investiga a fondo. Al verlo, reflexionar sobre él e investigarlo a fondo, le parece vacío, hueco y carente de sustancia esencial. Del mismo modo ocurre con la percepción, monjes. Pues ¿qué sustancia esencial podría haber en una percepción?

»Supongamos ahora que un hombre que busca madera, que desea madera y que anda tratando de encontrar madera toma un hacha y entra en un bosque. Allí ve un tronco de un árbol de plátano grande, recto y joven, sin brotes. Lo derriba de raíz y, una vez cortado al ras, le corta la parte superior. Al cortarle la parte superior, separa la envoltura de hojas, y no encuentra ninguna madera. La persona con buena vista ve esto, reflexiona sobre ello y lo investiga a fondo. Al verlo, reflexionar sobre ello e investigarlo a fondo, le parece vacío, hueco y carente de sustancia esencial. Pues, monjes, ¿qué sustancia esencial podría haber en un tronco de platanera? Del mismo modo, cualquier formación mental que el monje ve, al reflexionar sobre ella e investigarla a fondo, ya sea pasada, presente o futura, lejana o cercana, le parecerá vacía, hueca y carente de sustancia esencial. Pues ¿qué sustancia esencial podría haber en las formaciones mentales?

»Supongamos, monjes, que un mago o un aprendiz de mago lleva a cabo una ilusión en un cruce de carreteras y un hombre con buena vista la ve, reflexiona sobre ella y la investiga a fondo. Tras verla, reflexionar sobre ella e investigarla a fondo, llega a la conclusión de que la ilusión es vacía, hueca y carece de sustancia esencial. Pues, monjes, ¿qué sustancia podría contener una ilusión? De igual modo, cuando el monje ve un momento de consciencia, reflexiona sobre él y lo investiga a fondo, ya sea pasado, presente o futuro, lejano o cercano, llega a la conclusión de que es vacío, hueco y carente de sustancia esencial. Pues ¿qué sustancia esencial podría contener la consciencia?

»Mediante este proceder, monjes, el discípulo aplicado y comprometido pierde el apego a la experiencia física, a las sensaciones, a las percepciones, a las formaciones mentales y a la consciencia. Al perder el apego, se desapasiona; y, al quedar libre de la pasión, se libera.

Conocer y ver

Esto sucedió en Savatthi. El Venerable Rahula se acercó al Buda, lo saludó con respeto, se sentó a su lado y le preguntó lo siguiente:

—Maestro, ¿cómo podemos conocer y ver este cuerpo con su consciencia y todas las apariencias externas, sin construir un «yo», ni construir un «mío», ni caer en la tendencia a la presunción?

—Rahula, para conocer de manera correcta la experiencia física, ya sea pasada, presente o futura, interior o exterior, tosca o sutil, baja o elevada, lejana o cercana —es decir, toda la experiencia física—, y verla como realmente es, hay que pensar lo siguiente: «Eso no es mío, eso no soy yo, eso no es mi yo». Y lo mismo con cualquier sensación, cualquier percepción, cualquier formación mental y cualquier consciencia, ya sean pasadas, presentes o futuras, interiores o exteriores, etcétera, es decir, todas ellas, viéndolas como realmente son y pensando: «Eso no es mío, eso no soy yo, eso no es mi yo». Así es, Rahula, como conocemos y vemos este cuerpo con su consciencia y todas las apariencias externas, sin construir un «yo», ni construir un «mío», ni caer en la tendencia a la presunción.

Desprenderse de la ansiedad

Cierto monje le preguntó al Buda:

—Maestro, ¿es posible sentir aflicción por algo externo que en realidad no existe?

—Sí, monje —respondió el Buda—. En ese caso, la persona piensa: «¡Lo tenía!», «¡Ya no lo tengo!», «¡Podría ser mío!», «¡No lo obtendré!». Entonces se entristece, se aflige, grita, se golpea el pecho, llora y cae en la confusión. Así es, monje, como hay aflicción por algo externo que en realidad no existe.

—¿Es posible, maestro, no sentir aflicción por algo externo que en realidad no existe?

—Sí, monje —respondió el Buda—. En ese caso, la persona no piensa: «¡Lo tenía!», «¡Ya no lo tengo!», «¡Podría ser mío!», «¡No lo obtendré!». Entonces no se entristece, no se aflige, no grita, no se golpea el pecho, no llora y no cae en la confusión. Así es, monje, como no hay aflicción por algo externo que en realidad no existe.

—Maestro, ¿es posible sentir aflicción por algo interno que en realidad no existe?

—Sí, monje. En ese caso, la persona sostiene esta idea: «El yo es el mundo. Después de la muerte seré permanente, estable, eterno e inmutable para siempre». Entonces escucha la enseñanza proclamada por el Buda o por uno de sus discípulos: la enseñanza para abandonar todas las conjeturas, teorías y puntos de vista, obsesiones, convicciones y tendencias; para que cesen las formaciones mentales; para renunciar a los apegos; para eliminar la codicia; y con el propósito de alcanzar el desapasionamiento, el apaciguamiento y el nirvana. Al escucharla, piensa: «¡Algún día moriré! ¡Algún día desapareceré! ¡Algún día dejaré de existir!». Entonces se entristece, se aflige, grita, se golpea el pecho, llora y cae en la confusión. Así es, monje, como hay aflicción por algo interno que en realidad no existe.

—¿Es posible entonces, maestro, no sentir aflicción por algo interno que en realidad no existe?

—Sí, monje. En ese caso, la persona no sostiene esta idea: «El yo es el mundo. Después de la muerte seré permanente, estable, eterno e inmutable para siempre». Entonces escucha la enseñanza proclamada por el Buda o por uno de sus discípulos: la enseñanza para abandonar todas las conjeturas, teorías y puntos de vista, obsesiones, convicciones y tendencias; para que cesen las formaciones mentales; para renunciar a los apegos;

para eliminar la codicia; y con el propósito del desapasionamiento, del apaciguamiento y del nirvana. Y no piensa: «¡Algún día moriré! ¡Algún día desapareceré! ¡Algún día dejaré de existir!». Entonces no se entristece, no se aflige, no grita, no se golpea el pecho, no llora y no cae en la confusión. Así es, monje, como no hay aflicción por algo interno que en realidad no existe.

Por qué la persona es como un carruaje

Aunque el siguiente fragmento no se considera canónico en la mayoría de las escuelas del budismo Theravada, es uno de los pasajes budistas más célebres en el mundo. Las famosas *Preguntas de Milinda* (*Milindapañha*) y la metáfora del carruaje aparecen en numerosas introducciones al budismo y manuales de filosofía budista. La fecha de composición del texto no se conoce con exactitud, pero los especialistas creen que se remonta a los primeros siglos de la era común. Narra el diálogo entre el rey griego bactriano Milinda —identificado con Menandro, gobernante de una de las provincias establecidas tras la incursión de Alejandro Magno en el noroeste del subcontinente indio— y el monje budista Nagasena. Aunque no se sabe con certeza si el texto recoge un suceso histórico real, la leyenda del debate, de fama mundial, sugiere la fascinante posibilidad de un contacto entre Oriente y Occidente ya en la Antigüedad.

El texto nos presenta a Milinda como un escéptico. Según el clásico tópico indio del rey sabio e interesado en la filosofía, el rey bactriano aparece como un soberano que aspira al conocimiento y se acerca al monje con el propósito de entablar un diálogo. El fragmento seleccionado comienza con el inicio del encuentro. Nagasena se presenta negándose a sí mismo: dice llamarse Nagasena, pero afirma que los nombres no son más que palabras y que detrás de ellos no hay ninguna persona real. En este contexto, el término *persona* significa «yo permanente». Milinda queda perplejo. ¿Qué significa afirmar que no hay una persona delante de él? ¿Cómo se explica entonces la sensación de identidad personal en la que se basan las interacciones cotidianas? ¿Cómo se entiende la responsabilidad moral sin un agente moral duradero? ¿Y por qué un monje como Nagasena habría de consagrarse a la práctica religiosa y al perfeccionamiento si no hay un yo subyacente que perfeccionar?

Nagasena responde con su famosa metáfora: la persona es como un carruaje, porque, aunque lo desarmemos pieza por pieza, no hallaremos una esencia sustancial y duradera, un yo permanente. Ninguna de sus partes posee un yo propio o esencial, pues el carruaje no es más que un conjunto de elementos dispuestos de cierta forma al que designamos con la palabra *carruaje*. Pero esa designación no le confiere una esencia permanente. De la misma manera que el carruaje está compuesto de piezas, la persona está compuesta de cinco agregados: las experiencias físicas, las sensaciones, las percepciones, las formaciones mentales y la consciencia. Y el nombre que damos a las diversas combinaciones de estos agregados no es más que una mera designación convencional.

La selección también incluye algunas páginas adicionales del texto en las que se describe a la persona como un proceso continuo de desarrollo que va desde la infancia hasta la vejez, sujeta a un cambio constante en una única secuencia causal y temporal de acontecimientos, pero carente de una esencia permanente que subyazca a esos cambios. Nagasena recurre además a otras analogías: la persona es como la llama de una lámpara que arde durante toda la noche: con el paso del tiempo no es ni idéntica ni distinta. De igual manera que la leche se convierte en cuajada, la cuajada en mantequilla y la mantequilla en *ghee*, la vida humana individual es un flujo constante de transformaciones enlazadas por la causalidad, nunca idénticas, pero tampoco por completo distintas en el tiempo.

• • •

El rey Milinda se acercó al venerable Nagasena y, al llegar junto a él, lo saludó con cordialidad y respeto, y se sentó a su lado. Nagasena correspondió al rey Milinda con un saludo igualmente cordial. Entonces el rey le preguntó:

—Venerable, ¿cómo eres conocido? ¿Cuál es tu nombre?

—Se me conoce como Nagasena, gran rey, y mis compañeros monjes me llaman Nagasena. Los padres asignan a sus hijos nombres como Nagasena, Surasena, Virasena o Sihasena, pero en realidad *Nagasena* no es más que una palabra, un apelativo, una designación, un uso común: es decir, un simple nombre, y no se encuentra aquí ninguna persona real.

—Escuchadme ahora, los quinientos griegos y los ochenta mil monjes. Nagasena acaba de decir que aquí no se encuentra ninguna persona. ¿Acaso tiene razón? —preguntó el rey Milinda.

A continuación se dirigió a Nagasena con estas palabras:

—Maestro, si la persona no existe, ¿quién te ha dado esa túnica, ese cuenco para las limosnas, el alojamiento en el que moras y los fármacos y remedios con los que alivias tus dolencias? ¿Quién los usa? ¿Quién protege la moral? ¿Quién practica la meditación? ¿Quién recorre el camino, goza de sus frutos y alcanza el nirvana? ¿Quién destruye la vida, roba lo que no le dan, se deja arrastrar por el deseo y la lujuria, miente, bebe alcohol y comete los cinco delitos que merecen un castigo inmediato? De ser ciertas tus palabras, no habría ni bien ni mal, ni quien llevara a cabo obras buenas o malas o hiciera que los demás las llevaran a cabo, y además ni los actos virtuosos ni los inmorales tendrían recompensa o consecuencia. Por lo tanto, Nagasena, no se consideraría asesinato acabar con tu vida. Además, tampoco habrías tenido un maestro, un guía, ni habrías tomado los votos. Has dicho «Gran rey, mis compañeros monjes me llaman Nagasena».

Respóndeme pues: ¿Qué es Nagasena? ¿Es Nagasena el pelo de tu cabeza?

—No, gran rey.

—¿Es Nagasena las uñas, los dientes, la piel, la carne, los tendones, los huesos, la médula, los riñones, el corazón, el hígado, la pleura, el bazo, los pulmones, los intestinos delgado y grueso, el estómago, las heces, la bilis, las mucosidades, la sangre, el pus, el sudor, la grasa, las lágrimas, el suero, la saliva, el líquido nasal, el líquido sinovial, la orina o el cerebro?

—No, gran rey.

—¿Qué es Nagasena entonces, maestro? ¿Es tu experiencia física?

—No, gran rey.

—¿Tus sensaciones?

—No, gran rey.

—¿Tu percepción?

—No, gran rey.

—¿Tus formaciones mentales?

—No, gran rey.

—¿Tu consciencia?

—No, gran rey.

—¿Es acaso tu experiencia física, tus sensaciones, tu percepción, tus formaciones mentales y tu consciencia al mismo tiempo?

—No, gran rey.

—¿Es entonces algo distinto de tu experiencia física, tus sensaciones, tu percepción, tus formaciones mentales y tu consciencia?

—No, gran rey.

—Maestro, por mucho que te pregunto, no logro comprender qué es Nagasena. ¿Es acaso un mero sonido? ¿Qué parte de este ser que tengo ante mí es Nagasena? ¿O acaso mientes y Nagasena no existe?

El venerable Nagasena respondió al rey de la siguiente manera:

—Gran rey, has recibido la educación de un noble y eres delicado en extremo. Si salieras descalzo al sol del mediodía sobre la arena ardiente, la grava y las piedras afiladas, te dañarías los pies, te dolerían los miembros, se te turbaría la mente y aparecería en ti una dolorosa consciencia del cuerpo. Lo más seguro, pues, es que no hayas llegado hasta aquí a pie, sino en un vehículo.

—Es cierto. No he venido a pie, sino en carruaje.

—Háblame de ese carruaje. ¿Es la vara el carruaje, gran rey?

—No, maestro.

—¿Es entonces el eje?

—No, maestro.

—¿Las ruedas?

—No, maestro.

—¿La estructura?

—No, maestro.

—¿El estandarte?

—No, maestro.

—¿El yugo?

—No, maestro.

—¿Las riendas?

—No, maestro.

—¿La aguijada?

—No, maestro.

—Entonces, ¿serán la vara, el eje, las ruedas, la estructura, el estandarte, el yugo, las riendas y la aguijada, todos juntos, el carruaje?

—Tampoco, maestro.

—En tal caso, gran rey, por mucho que te pregunto no logro ver el carruaje. ¿Es acaso un mero sonido?

—No, maestro.

—¿Qué es entonces el carruaje? Has dicho una falsedad, una mentira, pues no hay carruaje. Eres el rey principal de toda la India. ¿De quién tienes miedo para atreverte a decir una mentira? Escuchadme, los quinientos griegos y los ochenta mil monjes: el rey Milinda ha declarado «He venido en carruaje», pero cuando le pido que me lo muestre, no es capaz de mostrármelo. ¿Cómo es posible?

Los quinientos griegos aplaudieron al venerable Nagasena y se dirigieron al rey Milinda:

—Gran rey, ¿puedes responder ahora?

Entonces el rey le dijo a Nagasena:

—No te miento, Nagasena. El carruaje existe a causa de la vara, del eje, de las ruedas, de la estructura y del estandarte. *Carruaje* no es más que una palabra, un apelativo, una designación, un uso común, es decir, un simple nombre.

—Bravo, gran rey. Has comprendido el carruaje. Pues lo mismo sucede conmigo. «Nagasena» existe a causa del pelo de la cabeza, del vello corporal y así sucesivamente hasta el cerebro, y también a causa de la experiencia física, las sensaciones, la percepción, las formaciones mentales y la consciencia. *Nagasena* no es más que una palabra, un apelativo, una designación, un uso común, es decir, un simple nombre. Pero en sentido último, aquí no se encuentra ninguna persona real. Por eso la monja Vajira dijo en presencia del Buda: «Así como *carruaje* es una palabra usada cuando hay un conjunto de componentes, también es convencional decir que existe un "ser" cuando en realidad no hay más que un conjunto de agregados».

—¡Bravo, Nagasena! ¡Respuesta espléndida! Tus palabras son brillantes, y si el Buda estuviera aquí, sin duda les daría su aprobación. Excelentes son tus respuestas a mis preguntas.

· · ·

Preguntó el rey:

—Nagasena, ¿la persona que renace se convierte en la misma persona o en otra distinta?

—Ni lo uno ni lo otro, gran rey.

—Explícamelo con una analogía.

—Gran rey, en otro tiempo fuiste un niño de pecho, frágil e inocente. ¿Eres ahora el mismo que aquel niño?

—No, maestro. Ahora soy un adulto, distinto de aquel niño de pecho, frágil e inocente.

—¿Quiere eso decir, gran rey, que no tienes madre, ni padre, ni maestro? ¿Y que, sin ellos, no has recibido instrucción en las artes, en la moral o en el conocimiento? ¿Es la madre una persona diferente en cada una de las cuatro primeras semanas de gestación? ¿Es una persona cuando su hijo es pequeño y otra más cuando ha crecido? ¿Qué ocurre con la persona que está recibiendo educación y con la que ya se ha educado? ¿Son distintas? ¿O con la persona que comete un crimen y aquella a la que se le cortan las manos o los pies en castigo?

—Por supuesto que no. Pero ¿qué dices tú al respecto?

—Yo digo que lo que vincula al niño de pecho, frágil e inocente, de antaño con el adulto de hoy no es un yo permanente, sino una única continuidad en relación con el cuerpo.

—Explícamelo con una analogía.

—Piensa en la persona que enciende una lámpara, gran rey. ¿Arde toda la noche?

—Podría arder toda la noche.

—¿Es la llama la misma al comienzo de la noche que a medianoche? ¿Es la misma a medianoche que al amanecer?

—No, maestro.

—Muy bien. Entonces, ¿es la lámpara diferente al comienzo, a la mitad y al final de la noche?

—No, porque gracias a ella la llama arde durante toda la noche.

—Pues de igual modo, gran rey, la continuidad de los estados de existencia está conectada:

esto surge, aquello cesa, y lo que surge después está vinculado con lo anterior de manera casi simultánea. Por lo tanto, lo que se manifiesta como continuidad del momento de consciencia precedente no es ni lo mismo, ni algo completamente distinto.

—Explícamelo con otra analogía, por favor.

—Es como la leche fresca, que al poco tiempo se convierte en cuajada, gran rey, y la cuajada en mantequilla, y esta, a su vez, en *ghee*. ¿Estaría en lo cierto alguien que dijera que la leche, la cuajada, la mantequilla y el *ghee* son lo mismo?

—No, maestro, porque cada producto surge apoyado en el anterior.

—Pues la continuidad de los estados de existencia está conectada de igual manera: esto surge, aquello cesa; y lo que surge después está vinculado con lo anterior de manera casi simultánea. Por lo tanto, lo que se manifiesta como continuidad del momento de consciencia precedente no es ni lo mismo, ni algo completamente distinto.

—Eres sabio, Nagasena.

Cerramos esta selección con un fragmento del canon pali que procede del corpus de la literatura exegética, redactado posiblemente al mismo tiempo que las enseñanzas, pero fijado en su forma actual sobre todo por el monje del siglo v d. C. Buddhaghosa. El breve párrafo que reproducimos aquí retoma la idea del fragmento anterior: las etiquetas convencionales con las que designamos carruajes y personas son necesarias para comunicarnos, pero no implican la existencia de una esencia fundamental. Para Buddhaghosa, el Buda hacía un uso pragmático del lenguaje y podía pasar del registro convencional al último según el contexto y el propósito. Utilizar los conceptos convencionales con los que hablamos de «personas» es válido en muchas situaciones; en otras, en cambio, resulta más adecuado emplear un lenguaje último, sobre todo cuando llevamos a cabo un análisis destinado a desmantelar las ideas esencialistas.

Buda usaba el lenguaje convencional de las «personas», en el que la continuidad de los individuos en el tiempo es conveniente e intuitiva, para hablar sobre la vergüenza, la moral, el amor, la justicia, la conducta ética, etcétera. En la vida cotidiana, o así lo haríamos si viviéramos en la India antigua, hablamos sobre las mujeres, los hombres, los *kshatriyas* (la casta aristocrática), los brahmanes (la casta sacerdotal), los dioses y los *maras* (una especie de demonios de la ilusión), y Buda no tenía la intención de «destruir las convenciones terrenales». Sin embargo, para abolir el concepto del yo metafísico permanente y las ilusiones que construimos sobre él, recurría al registro profundo del análisis técnico, como en el fragmento de Nagasena. Ciertos términos técnicos como *no-yo*, *agregados*, *elementos* (para referirse a las diversas formas en las que percibimos el mundo material) son analíticamente útiles para describir a una persona sin recurrir al yo permanente. El fragmento afirma que numerosas intuiciones cotidianas sobre lo que es una persona son perfectamente útiles, al tiempo que recurre al registro profundo del lenguaje y el pensamiento para desmantelar el concepto fijo del yo metafísico.

La diferencia es relevante sobre todo cuando tenemos en cuenta, como lo hacen los budistas, las vidas pasadas y futuras. Según las enseñanzas del budismo, el karma (la conducta ética) da forma a las numerosas vidas que vivimos. A no ser que rompamos el ciclo de los renacimientos —y en eso consiste el nirvana, el estado en el que cesan las experiencias y las condiciones negativas y con ellas el ciclo de los renacimientos—, las acciones kármicas condicionan nuestro presente y nuestro futuro. Sin embargo, el yo no viaja de vida en vida. Como veíamos en el fragmento anterior, la misma lámpara alumbra toda la noche sin ser idéntica y la leche se convierte en cuajada, la cuajada en mantequilla y la mantequilla en *ghee* sin que en el proceso participe ningún elemento inmutable. Lo mismo sucede con el ser humano a lo largo de una o de muchas vidas: no existe una esencia única e inmutable. Como dice el texto, al considerar las vidas anteriores quizá nos convenga recurrir a un lenguaje más convencional, en el que, de manera intuitiva, «yo» heredo las consecuencias de «mis» acciones de la vida anterior, aunque en la siguiente no sea ni el mismo ni diferente. El lenguaje convencional da cabida a nuestras intuiciones acerca de la responsabilidad ética.

Por último, una característica destacada de esta formulación particular de la diferencia entre lo convencional y lo último (veremos otras más adelante) es que, para la tradición theravada, los dos registros del lenguaje no son niveles distintos de verdad o de realidad, sino dos usos igualmente útiles del lenguaje. Dado que se refieren a las enseñanzas de Buda —y que es impensable que a las enseñanzas de Buda les falte verdad (al menos así lo entiende Buddhaghosa)—, ambos registros son formas igualmente válidas de expresar el Dhamma. Es algo parecido a lo que ocurre con un profesor que domina varios idiomas, por ejemplo, el tamil y la lengua de Andhra: utiliza uno u otro según el contexto y la capacidad de comprensión de su interlocutor.

La palabra *persona* pertenece al uso convencional, no al último. Las enseñanzas de Buda son de dos clases: convencionales y últimas. Así, «una persona, un ser, una mujer, un hombre, un kshatriya, un brahmán, un dios, un mara» pertenecen al registro de las enseñanzas convencionales; mientras que «la impermanencia, el sufrimiento, el no-yo, los agregados, los elementos, la experiencia sensorial y los fundamentos de la atención plena» pertenecen al de las enseñanzas últimas. Quien, al escuchar una enseñanza convencional, sea capaz de trascender la confusión y de captar el significado, impartirá una enseñanza convencional. En cambio, quien, al escuchar una enseñanza última, sea capaz de trascender la confusión y de captar el significado, impartirá una enseñanza última.

La siguiente analogía lo explica: cuando un maestro experto en varias lenguas comenta el sentido de los tres Vedas y percibe que los discípulos comprenden mejor sus palabras en tamil, se dirige a ellos en tamil. Y lo mismo hace cuando percibe que los discípulos hablan otros idiomas, por ejemplo, la lengua de Andhra. De este modo, los discípulos brahmanes, al contar con un maestro competente y experimentado, aprenden con rapidez. El bienaventurado Buda es como ese maestro; las tres cestas de las enseñanzas (Tipiṭaka) son como los tres Vedas en el sentido de que requieren explicación; el maestro que domina el lenguaje convencional y el último es como quien domina varias lenguas; y las personas que reciben la enseñanza y comprenden su significado ya sea mediante lo convencional o lo último son como los discípulos brahmanes que hablan diversas lenguas. Las enseñanzas de Buda, sean convencionales o últimas, deben entenderse como la explicación de un maestro en tamil o en otra lengua. Por eso se dice:

El perfecto iluminado, el mejor de los maestros, enseñó que hay dos verdades: la convencional y la última. No hay una tercera.

Una declaración convencional es verdadera porque expresa una convención mundana. Una declaración última es verdadera porque muestra el modo en que los fenómenos surgen.

Por lo tanto, las palabras del maestro son siempre verdaderas. Él es el guía del mundo y domina el registro común cuando utiliza el lenguaje convencional.

Hay, además, ocho razones por las que Buda habla en términos de «personas» para explicar algo: para hablar de la vergüenza y el temor; para mostrar que somos responsables de nuestras acciones; para mostrar que los seres actúan como agentes separados; para hablar de acciones que tienen consecuencias inmediatas; para hablar de los estados sublimes del amor; para hablar de las vidas pasadas; para hablar de la pureza de la limosna, y para no abolir las convenciones mundanas. Porque cuando alguien dice que «los agregados, los elementos y la experiencia sensorial sienten vergüenza o temor», la mayoría de las personas no lo entienden, caen en la confusión y reaccionan con hostilidad: «¿Cómo van a sentir vergüenza o temor los agregados, los elementos y la experiencia sensorial?». En cambio, cuando alguien dice que «una mujer siente vergüenza, una mujer siente temor, y también un hombre, un kshatriya, un brahmán, un dios o un mara», las personas lo entienden, no caen en la confusión y no reaccionan con hostilidad. Por lo tanto, Buda habla de «personas» con el propósito de mostrar la vergüenza y el temor.

Lo mismo sucede cuando alguien dice que «los agregados, los elementos y la experiencia sensorial son responsables de las acciones». Por lo tanto, Buda habla de «personas» con el propósito de mostrar que somos responsables de nuestros propios actos.

Lo mismo sucede cuando alguien dice que «los agregados, los elementos y la experiencia sensorial construyeron grandes monasterios como Veluvana». Por lo tanto, Buda habla de «personas» con el propósito de mostrar que los seres actúan como agentes separados.

Lo mismo sucede cuando alguien dice que «los agregados, los elementos y la experiencia sensorial dieron muerte a la madre o al padre de alguien, o a una persona iluminada, o hicieron correr la sangre de Buda, o causaron un cisma en la comunidad monástica». Por lo tanto, Buda habla de «personas» con el propósito de mostrar las acciones que tienen consecuencias inmediatas.

Lo mismo sucede cuando alguien dice que «los agregados, los elementos y la experiencia sensorial son capaces de percibir el amor bondadoso». Por lo tanto, Buda habla de «personas» con el propósito de mostrar los estados sublimes del amor.

Lo mismo sucede cuando alguien dice que «los agregados, los elementos y la experiencia sensorial recuerdan sus vidas pasadas». Por lo tanto,

Buda habla de «personas» con el propósito de mostrar las vidas pasadas.

Lo mismo sucede cuando alguien dice que «los agregados, los elementos y la experiencia sensorial reciben limosnas». La mayoría de las personas no lo entienden, caen en la confusión y reaccionan con hostilidad: «¿Cómo van a recibir limosnas los agregados, los elementos y la experiencia sensorial?». En cambio, cuando alguien dice que «las personas puras cuya práctica está llena de belleza reciben limosnas», los demás lo entienden, no caen en la confusión y no reaccionan con hostilidad. Por lo tanto, Buda habla de «personas» con el propósito de mostrar la pureza de la limosna.

El bienaventurado Buda no pretende abolir las convenciones mundanas. Imparte la enseñanza con las palabras del mundo, con las formas de expresión del mundo y con el propósito de conservar las expresiones que usa el mundo. Por lo tanto, Buda habla de «personas» con el fin de no abolir las convenciones mundanas.

SEGUNDA PARTE

ENSEÑANZAS DEL CAMINO MEDIO

Jay L. Garfield

A comienzos del primer milenio, el auge del budismo mahāyāna, o del «gran vehículo», dio lugar a nuevas formas de entender las dos verdades y la vacuidad y, por lo tanto, a nuevos análisis y debates sobre la inexistencia del yo. En ciertos aspectos, estos desarrollos continúan los principios del budismo temprano, por ejemplo, la convicción de que no hay un yo, aunque sí una persona. Con todo, la interpretación de las dos verdades es muy diferente: la dicotomía del budismo temprano entre un uso convencional del lenguaje y otro último da paso a la distinción entre dos niveles de realidad.

El budismo Mahayana indio se divide en dos grandes escuelas de pensamiento: la Madhyamaka («camino medio») y la Yogacara («solo-mente»). La más antigua es la escuela del camino medio, que se inaugura con los sutras de la perfección de la sabiduría y la obra de Nagarjuna (alrededor del siglo II d. C.). Esta escuela enfatiza que los fenómenos están vacíos de toda identidad intrínseca y que su realidad convencional es dependiente: su existencia depende de causas y condiciones, de las partes que los componen y de los conjuntos en los que se integran, y su identidad depende de nuestros intereses. Sin embargo, a la consciencia ordinaria se le aparecen como entidades independientes y sustanciales. Los textos que presentamos en este segundo capítulo pertenecen a esta escuela.

La escuela del camino medio se sirve de la noción de vacío y de las dos verdades para explicar la premisa de que las personas estamos vacías de yo (es decir, carecemos de una esencia sustancial y de una identidad intrínseca). En otras palabras, somos construcciones conceptuales: nuestra identidad depende tanto de los agregados psicofísicos ya definidos por las escuelas budistas anteriores como del entramado de prácticas sociales y lingüísticas en el que habitamos. La existencia es nominal y construida, no un hecho fundamental del universo que hayamos descubierto. A pesar de ello, mediante la introspección nos percibimos a nosotros mismos, y mediante la percepción percibimos a los demás, como yoes: entidades sustanciales, sujetos y agentes cuya independencia parece sostenerse en los cinco agregados. Esa apariencia, fruto de la confusión primigenia, es el origen del sufrimiento.

En este capítulo presentamos dos fragmentos sobre el yo y la persona, extraídos de dos importantes textos de la escuela del camino medio. Se trata de obras en verso con comentario en prosa, un formato habitual en la tradición filosófica india. Los textos raíz están compuestos en versos concisos y métricos que facilitan la memorización, una técnica que dotaba a los eruditos monásticos de una especie de biblioteca mental portátil, muy útil tanto para el debate y la enseñanza como para la práctica de la meditación. De esos textos seminales surge un corpus exegético cuyos primeros comentarios son, a menudo, del propio autor. Esta literatura exegética constituye el marco de gran parte de la filosofía budista india y tibetana, así como la base de numerosos e importantes debates filosóficos.

El primer fragmento es el noveno capítulo de los *Versos sobre los fundamentos del camino medio* (*Mulamadhyamakakarika*) de Nagarjuna, acompañado de la mayor parte de los comentarios de Tsongkhapa, un erudito tibetano de los siglos XIV y XV. Es, con mucho, el más técnico y complejo. Desarrolla un argumento contra la existencia intrínseca del yo, a partir de la reflexión sobre sus posibles relaciones con los agregados psicofísicos o constituyentes básicos de la persona, para concluir que la búsqueda del yo tan solo conduce a la persona real en sentido convencional.

El segundo fragmento procede de la *Introducción al camino medio* con el comentario del propio autor, Chandrakirti, un filósofo indio del siglo VII que fue uno de los comentaristas más influyentes de Nagarjuna. Gran parte de la filosofía tibetana se basa en su interpretación de la filosofía del camino medio. En este texto, Chandrakirti retoma la analogía del carruaje que ya vimos en *Las preguntas de Milinda*, y la desarrolla desde el punto de vista de la escuela del camino medio. Nuestra selección incluye gran parte de sus comentarios.

En conjunto, ambos fragmentos ofrecen un panorama general del pensamiento de la escuela india Madhyamaka acerca de la vacuidad de la persona en el marco de la realidad convencional.

¿QUÉ ES EL YO?

Nagarjuna vivió probablemente durante la segunda mitad del siglo II d. C. en la región inferior del valle del río Krishna, en lo que hoy es el estado indio de Andhra Pradesh. Al parecer fue abad de un monasterio y consejero del rey. Es el filósofo más influyente del budismo Mahayana y el fundador de la escuela filosófica Madhyamaka, o del camino medio. Aunque escribió mucho, su obra más importante son los *Versos sobre los fundamentos del camino medio* (*Mulamadhyamakakari- ka*), de los que procede el fragmento que presentamos aquí. Consta de 440 versos distribuidos en 27 capítulos que defienden de manera sistemática la vacuidad de los fenómenos, así como la identidad entre la vacuidad y la realidad convencional.

El capítulo que hemos seleccionado aborda el tema del yo y la persona. Nagarjuna sostiene que, aunque la persona tiene una existencia convencional, al estar vacía de identidad intrínseca carece de yo, de modo que ese yo con el que nos identificamos instintivamente no existe. Llega a esa conclusión analizando la relación entre el yo o la persona y las facultades de los sentidos, y sostiene que, dado que es imposible concebir a la persona con independencia de los sentidos —y viceversa—, solo podemos concebirnos a nosotros mismos como personas vacías y originadas de manera dependiente. Sin embargo, puesto que también debemos aceptar la realidad tanto de la persona como de las facultades de los sentidos, el análisis basado en la vacuidad no implica que no tengamos existencia, sino que somos reales en sentido convencional.

Tsongkhapa (1357-1419) es uno de los grandes referentes de la filosofía tibetana. Tras una amplia formación con maestros de diversas escuelas, desarrolló su propio sistema filosófico a partir de una lectura particular del pensamiento de Chandrakirti. Tsongkhapa insiste en tomar en serio la verdad convencional y subraya que el objeto de la negación del razonamiento madhyamaka no es la existencia real, sino la existencia inherente. Es decir, el análisis budista no muestra que los fenómenos meramente aparentes sean inexistentes, sino que revela que los fenómenos existen solo de manera convencional. También destaca la importancia de llevar a cabo un riguroso análisis de lo convencional como medio para avanzar en lo que considera el camino gradual hacia la iluminación.

La selección que presentamos a continuación procede de los versos del capítulo 9 e incluye la mayor parte de los comentarios de Tsongkhapa recogidos en *Océano de razonamiento*, una exégesis detallada de los *Versos sobre los fundamentos del camino medio*. Explica que Nagarjuna sostiene la realidad convencional de la persona al mismo tiempo que niega la existencia del yo, afirmando, por lo tanto, que la persona es real pero carece de yo.

Análisis de la entidad anterior

En este capítulo se argumenta que la persona carece de yo. Es la primera parte de la refutación de la existencia esencial de la persona. Para empezar, se expone la postura del adversario.

Hay quienes sostienen que,
puesto que la vista, el oído y el tacto existen,
por necesidad ha de existir también

la persona que se sirve de ellos.
Si esa entidad no existiera —se preguntan—,
¿cómo tendría lugar la visión?
Concluyen, por lo tanto,
que debe de existir una entidad duradera
que sirva de fundamento a la experiencia
    sensorial.

Con esto, el adversario quiere decir que una persona debe existir antes de poder enriquecerse, y que esa existencia explica en parte por qué enriquecerse es posible. ¡Nadie puede enriquecerse siendo hijo de una mujer estéril! Por analogía, ¿cómo podrían existir los fenómenos que la persona considera sus propios procesos —como la visión— si la persona no existiera previamente a esos fenómenos? ¡Sería imposible! Por lo tanto, concluyen que la persona que posee una facultad debe existir necesariamente antes que ella y servirle de fundamento.

Impugnemos ese razonamiento. Empezaremos por cuestionar la existencia del yo, que nuestros adversarios dan por supuesta, y explicaremos después cómo entendemos la existencia convencional de la persona. La refutación consta de tres partes: primero, la negación de un poseedor preexistente de todas las facultades; segundo, la negación de un poseedor preexistente para cada facultad en particular; y tercero, la refutación de la idea general de que la existencia de un poseedor deba ser necesariamente anterior a la de lo poseído.

La negación del poseedor preexistente se divide, a su vez, en dos partes: en primer lugar, demostraremos que es imposible concebirlo con independencia de lo poseído; y, en segundo lugar, que incluso si existiera, no habría razón para calificarlo de poseedor.

Comencemos por la primera refutación. Si existiera un poseedor intrínsecamente real de las facultades de los sentidos, su existencia tendría que ser anterior, simultánea o posterior a las facultades que posee. Aquí analizaremos la primera posibilidad y dejaremos las otras dos para más adelante.

Si existiera algo antes que la visión,
el oído y el tacto,
¿cómo podríamos siquiera hablar de ello?

Puesto que no hay fundamento para afirmar que existe algo —ni siquiera una persona— que sea poseedor de una facultad de los sentidos antes de que esta exista, es imposible calificar de vidente, de oyente o incluso de persona a ese algo que se supusiera existente con anterioridad. Después de todo, llamamos persona a alguien porque tiene la capacidad de ver, de oír y de realizar otras funciones semejantes. Si existiera como persona antes de poseer esas capacidades, sería independiente de ellas, como lo es de una olla o de un trozo de tela. Sería como decir que un hombre rico es independiente de su riqueza, lo cual carece de sentido.

Todo esto no quiere decir que, cuando las cosas suceden de manera consecutiva, lo anterior no pueda depender de lo posterior. Después de todo, sostenemos que las causas y los efectos son mutuamente dependientes. Por lo tanto, la persona que ve u oye lo es en virtud de que ve y oye. Pero si poseer esas facultades formara parte de la naturaleza intrínseca de quien las posee, su existencia dependería de ellas hasta tal punto que dejaría de existir en cuanto dejara de poseerlas. Esta premisa refuta cualquier tipo de existencia intrínseca. A continuación mostraremos que, incluso si la persona pudiera existir sin las facultades de los sentidos, no habría razón para calificarla de poseedora de un yo:

Si la persona pudiera continuar existiendo
sin facultades como la vista,
es innegable que también las facultades
existirían sin ella.

Estos versos plantean otro problema para quienes afirman que la persona existe con anterioridad e independencia de sus facultades: si tal premisa fuera correcta, también lo sería el postulado de que una persona es rica antes de enriquecerse, es decir, que es posible acumular riquezas con independencia de quien las posee, lo cual carece de sentido. Por analogía, tendría que ser posible que una persona y sus facultades existieran sin conexión entre sí, algo que, como dejan claro los versos siguientes, es imposible:

> ¿A través de qué se revela alguien?
> ¿A través de quién se revela algo?
> ¿Sin algo puede alguien existir?
> ¿Sin alguien puede algo existir?

Igual que afirmamos que la persona es la poseedora de sus ojos, cabe preguntar: «¿Cómo sabemos que alguien posee sus ojos?». Y del mismo modo que afirmamos que esos ojos son los órganos de esa persona, también cabe preguntar: «¿Quién es esa persona que percibe por medio de la vista?». ¿Cómo podría la persona —como poseedora o como persona que ve— existir con independencia de los ojos o de la vista? ¡Es imposible! A su vez, los ojos y la vista tampoco pueden existir sin la persona. En consecuencia, la persona y sus facultades son mutuamente dependientes; no existe una sin las otras [...].

Pasemos ahora a refutar el supuesto de que exista un poseedor preexistente para cada una de las facultades. Presentaremos primero la postura del adversario para rebatirla luego. He aquí la postura del adversario:

> Nada existe antes
> que *todas* las facultades, como la vista.
> En cambio, cada facultad, como la vista,
> manifiesta a una persona distinta en un
> momento distinto.

El adversario admite que nuestra refutación de un único poseedor anterior a todas las facultades es acertada, pero sostiene que existe un poseedor anterior para *cada facultad*. Afirma que, mientras una facultad de los sentidos —por ejemplo, la vista— revela la existencia de una persona en un momento determinado, *otra facultad* —como el oído— revela la existencia de otra persona en otro momento. Así, la persona designada a partir de la vista no sería la misma que la persona designada a partir del oído. Por lo tanto, cada persona existiría antes de la facultad que se dice que posee. En consecuencia, para el adversario resulta correcto afirmar que no hay fundamento para designar a la persona con anterioridad al funcionamiento de las facultades de los sentidos.

Por lo tanto, que el poseedor exista antes de lo poseído no implica que exista antes de todo lo que posee ni de todas las facultades de los sentidos. En consecuencia, dice el adversario, no tenemos por qué aceptar el absurdo de designar a una persona sin fundamento, ya que, para nosotros, la persona no existe con independencia de todas sus facultades. Este supuesto también rebate la afirmación de que la persona es el poseedor y que todos sus órganos y facultades son lo poseído.

[...] El adversario sostiene que, cuando la persona percibe un objeto material por medio de la facultad de la vista, pasa a poseer esa facultad, y que ambas existen de manera simultánea, aunque anteriores —por ejemplo— a la facultad del oído y a las demás facultades de los sentidos.

Nuestra refutación es la siguiente:

Si la persona no existe
antes de *todas* las cosas, como la vista,
¿cómo podría existir
antes de *cada* una de las cosas, como la vista?

Si la persona no existe antes de todas las facultades de los sentidos, ¿cómo podría existir antes de cada una de ellas? Eso carece de sentido. Por analogía, pensemos en un bosque: no existe antes de todos los árboles que lo componen, ni tampoco antes de cada uno de ellos. Y del mismo modo que es imposible obtener aceite de mostaza de un puñado de arena, también lo es obtenerlo de cada uno de los granos que la forman.

Es más, si afirmamos que la persona existe antes de cada una de las facultades de los sentidos, también tendríamos que afirmar que existe antes de todas ellas, pues la totalidad no puede ser independiente de cada uno de los elementos que la componen. Por ejemplo, si alguien habla con cada persona de un grupo sin excluir a ninguna, habrá hablado con todas. Por analogía, si la existencia de la persona fuera anterior a cada facultad de los sentidos, necesariamente tendría que ser anterior a todas.

El adversario podría responder así: la persona existe antes de todas las facultades si se ordenan en el tiempo. Sin embargo, nosotros no aceptamos que, cuando la persona existe antes de una facultad determinada —por ejemplo, la vista— en un momento concreto, tenga que existir también antes de todas las demás. Por lo tanto, no incurrimos en ninguna incongruencia. Nuestra réplica es la siguiente:

Si el que ve es también el que oye,
y también quien percibe por el tacto,
no tiene sentido afirmar
que existe antes de cada una de esas facultades.

Nuestra refutación se mantiene. Nuestro argumento demuestra que la premisa de que la persona existe con anterioridad al ejercicio de cada
una de sus facultades no es válida por el siguiente
motivo: para que una sola persona existiera antes
del uso de cada una de las facultades de los sentidos, esa única persona tendría que ser el que ve, el
que oye, el que percibe por el tacto, etcétera. Sin
embargo, esto carece de sentido, porque el que
oye sin estar viendo seguiría siendo el que ve, y
el que ve sin estar oyendo seguiría siendo el que
oye. Puesto que cada acción requiere un agente
específico, no tiene sentido decir que la persona
que oye es la misma que la que ve.

No obstante, podemos decir *convencionalmente* que una persona toma asiento frente a otras diez.

Pero si decimos que la persona que toma asiento frente a la primera también toma asiento frente a la segunda, tendríamos que decir que la persona que ve un objeto material en un momento y oye un sonido en un momento posterior son literalmente idénticas [...].

La cuestión es que, si la persona existe *intrínsecamente*, solo hay dos relaciones posibles entre el que ve y el que oye: que sean intrínsecamente idénticos o intrínsecamente diferentes. Más adelante analizaremos el segundo caso. El verso 8 demuestra que solo pueden ser idénticos si el fenómeno que existía antes continúa existiendo después, por lo que constituye una crítica al supuesto de que la misma persona exista antes de cada experiencia sensorial. Pasemos ahora al supuesto de que esas personas sean intrínsecamente diferentes entre sí.

En cambio, si el que ve es distinto,
el que oye es distinto y el que percibe por
el tacto es distinto,

entonces, cuando haya uno que ve, tendrá
    que haber también uno que oye,
y habría que aceptar que existen muchas
    personas.

Concedamos que esta crítica refuta la premisa de que el que ve y el que oye son intrínsecamente idénticos, y respondamos afirmando que son intrínsecamente distintos. En tal caso, el que ve y el que oye existirían al mismo tiempo. Sin embargo, como no es así, no pueden ser intrínsecamente distintos. Es más, si lo fueran, una misma persona tendría numerosas identidades, pues cada uno que ve y cada uno que oye existirían como entidades distintas.

A continuación pasamos a la refutación final, es decir, a la refutación de la premisa general de que la existencia del poseedor —de un yo— sea necesariamente anterior a la de lo poseído. El adversario podría insistir en su postura con el siguiente argumento: la existencia de la persona es anterior a todas las facultades de los sentidos. Sin embargo, eso no implica que exista sin fundamento, pues depende de los agregados psicofísicos. Esto se debe a que los agregados y los cuatro elementos son el fundamento de las seis facultades de los sentidos. Por consiguiente, la existencia de la persona sería anterior a las facultades sensoriales constituidas por los cuatro elementos. Nuestra réplica:

Las cosas como la vista,
el oído y el tacto,
así como los elementos que las componen,
no existen.

La persona no existe intrínsecamente ni en las facultades de los sentidos —como la vista, el oído y el tacto— ni en los elementos que las componen. Si la existencia de la persona fuera intrínseca, sería posible afirmar que es el poseedor —es decir, un yo— de los elementos, pues existiría de manera simultánea o posterior a ellos. Sin embargo, como demuestran los argumentos vistos hasta ahora, eso implicaría que carece de fundamento.

Llegados a este punto, cabe preguntarse: «Si se ha refutado la existencia intrínseca de la persona, ¿qué validez tiene la convención de hablar de personas que ven y oyen?». Pasamos ahora a exponer cómo entendemos convencionalmente a la persona. Presentaremos primero nuestra posición y después rebatiremos las objeciones a esa premisa.

Si aquello a lo que pertenecen no existe,
las cosas como la vista, el oído y el tacto
tampoco existen.

Negar la existencia de personas que ven, oyen y actúan es un despropósito. Afirmar que la persona es absolutamente inexistente carece de sentido. Todas las escuelas filosóficas aceptan la existencia de la persona. Sin embargo, como reconocen que no tiene sentido decir que la persona es idéntica a los agregados psicofísicos, los miembros de las *escuelas no budistas* sostienen que se trata de una entidad distinta de los agregados.

Los miembros de *otras escuelas budistas* coinciden en que debe haber una persona meramente convencional que acumula karma. Ven que sería un error considerar que la persona es una entidad distinta de los agregados. Algunos sostienen que el continuo del conjunto de los agregados es la persona; otros afirman que la persona es la consciencia que reclama o abandona el cuerpo.

En *nuestro* sistema, el objeto de la aprehensión innata del yo es el «sí-mismo». Incluso los animales, que no tienen noción de la existencia de la persona —ni siquiera tal como la entienden las escuelas no budistas—, se perciben a sí mismos como un «yo» y a los demás fenómenos como «mío». Por lo tanto, un yo que sea distinto de los agregados no puede ser el objeto de esa aprehensión innata. Como dice Chandrakirti en su *Introducción al camino medio* [6.122cd], semejante entidad no existe ni siquiera de manera convencional.

Es más, no puede ser el fundamento de esa aprehensión. No es ni siquiera convencionalmente real.

Más adelante hace una observación parecida [6.124cd]:

Tampoco puede ser el fundamento de la aprehensión del yo, pues incluso quienes ignoran por completo estas teorías perciben un yo.

No obstante, el yo que aprehendemos tampoco puede ser idéntico a los agregados. En el habla cotidiana es habitual el uso de expresiones como «mi cuerpo» o «mi mente». La gente común considera que el yo es el amo y los agregados, sus sirvientes. Por lo tanto, no tiene sentido decir que el continuo de los agregados, o cualquier parte de él, sea un yo. [...].

Examinemos ahora las posibles objeciones a esta premisa. Habrá quien pregunte: «¿Entender el yo y los agregados como el amo y sus sirvientes no implica aprehenderlos como entidades distintas?».

En el pensamiento y el habla cotidianos, el yo y los agregados no se conciben como entidades realmente distintas. De lo contrario, al decir que la mano de una persona resultó herida y después se curó, no diríamos que esa misma persona resultó herida y después se curó. Cuando una persona resulta herida y después se cura, no decimos que otra persona ha resultado herida y después se ha curado. [...] Sin embargo, cuando buscamos el fundamento de la designación del yo o de la persona y tratamos de encontrar algo que no sea tan solo una atribución nominal, no hallamos nada que sea ni idéntico a los agregados ni distinto de ellos. Así, simplemente designamos a la persona en dependencia de los agregados.

Por lo tanto, alguien podría objetar lo siguiente: cuando la mano de una persona resulta herida y después se cura, decimos que la persona ha resultado herida y después se ha curado, y la persona dice: «Mi mano resultó herida y después mi mano se ha curado».

¿No es esto tomar la misma mano como un «yo» y como un «mío»? El problema estriba en no comprender qué significa la expresión «convención mundana»: cuando la mano resulta herida y después se cura, entendemos que el yo ha resultado herido y después se ha curado; pero eso no implica que entendamos que la mano sea el yo, pues nadie diría algo como: «La mano soy yo».

La persona que sirve de fundamento para decir «yo soy» —cuando no distinguimos entre diferentes momentos de nosotros mismos— es la persona meramente atribuida con la que estamos vinculados desde un tiempo sin principio. [...] Un yo que no sea solo una atribución nominal es imposible de hallar [...]. Por lo tanto, la persona atribuida y el yo con existencia sustancial se asemejan en que no podemos encontrarlos cuando los buscamos de manera analítica. Sin embargo, difieren en que el yo con existencia sustancial queda eliminado cuando no puede encontrarse, mientras que la persona atribuida no. Ello se debe a que el yo con existencia sustancial tendría que resistir el análisis racional, pero la persona atribuida no.

Pasemos ahora a mostrar la refutación de la existencia intrínseca de lo poseído. Se podría objetar que, aunque hemos refutado el yo mediante los argumentos anteriores, como no hemos refutado la existencia de las facultades de los sentidos, como la visión, estas podrían existir intrínsecamente. [...]

Cuando entendemos que aquello que no existe antes,
simultáneamente o después de la visión no existe,
cesan las concepciones que expresamos diciendo
«existe» o «no existe».

Y al mostrar que el poseedor de las facultades de los sentidos —como la vista, el oído y el tacto— no existe intrínsecamente, ¿no hemos mostrado también que las facultades que supuestamente posee tampoco existen intrínsecamente? […]

Por último, consideremos y refutemos un argumento contrario a la no existencia intrínseca de la persona. El adversario podría pensar que, al refutar la existencia intrínseca de la persona, no solo eliminamos el objeto de la negación, sino que establecemos una negación implicativa, es decir, una negación que presupone la existencia de otra cosa, pero le niega alguna propiedad particular. En tal caso, quizá el adversario pregunte: «¿Han demostrado realmente que no existe un "yo"?».

¿Qué pregunta es esa? ¿Acaso no acabamos de afirmar que, puesto que no existe el «ver», tampoco existe el «yo»? Por supuesto que sí, y esta objeción demuestra que el adversario no ha comprendido la cuestión. Cree que, si la persona es real, tiene que existir intrínsecamente. Como antídoto contra la aprehensión del yo, hemos sostenido que no existe un *yo intrínsecamente existente*, y esta expresión tiene por único propósito eliminar el objeto de negación y deshacer esa aprehensión. [...]

Esto significa que, si el yo existiera de manera intrínseca, del mismo modo que una persona lo aprehende cuando dice «yo», los demás también deberían aprehenderlo del mismo modo. [...] Este razonamiento muestra que ese yo no existe de manera intrínseca.

Cabría preguntarse lo siguiente: ¿cuál es el objeto de la aprehensión del yo si el yo no existe? La respuesta es que no hay objeto de esa aprehensión más allá de los agregados impermanentes. No obstante, eso no significa que tenga sentido afirmar que el objeto de la aprehensión del yo sean simplemente los agregados. Por lo tanto, al decir «yo soy» se aprehende un yo atribuido sobre la base de los agregados. De ahí se deduce que no existe un yo con existencia intrínseca y que se trata de una mera cuestión de designación dependiente. [...].

DE NUEVO EN EL CARRUAJE

Chandrakirti (600-650 d. C.) enseñó en la antigua universidad monástica de Nalanda, en el actual estado indio de Bihar (no confundir con la universidad contemporánea del mismo nombre, también en Bihar). Escribió numerosos comentarios y varios tratados independientes. Chandrakirti sostenía que, dado que los seguidores del camino medio no creen que exista una naturaleza fundamental de la realidad, no formulan tesis sobre ella; y que, como no comparten con sus adversarios las interpretaciones de los términos filosóficos, no pueden presentar argumentos filosóficos utilizando esos mismos términos. Por lo tanto, afirmaba, el método filosófico del camino medio consiste en mostrar las consecuencias absurdas que se derivan de las premisas de los adversarios, sin proponer ninguna tesis propia.

Chandrakirti es un filósofo notoriamente difícil de interpretar, ya que su uso del lenguaje no siempre es coherente y a menudo resulta figurado o hiperbólico. Unos lo leen como un realista extremo y otros como un nihilista radical. Para algunos es un escéptico, mientras que otros consideran que defiende una posición filosófica definida. Mucho depende de qué pasajes de su obra se tomen como su postura literal y cuáles se interpreten a la luz de aquellos. Según el punto de partida que se elija, distintas interpretaciones parecen tener sentido.

La obra de Chandrakirti no parece haber ejercido una gran influencia en el pensamiento del camino medio indio: la única figura destacada que parece apoyarse en ella es Shantideva (siglo VIII). En cambio, en la filosofía tibetana su influencia es decisiva. Casi todos los eruditos tibetanos posteriores al siglo XI lo consideran la principal autoridad de la escuela del camino medio. No obstante, existen marcadas discrepancias sobre el alcance de sus posiciones, y gran parte de los debates que articulan el discurso filosófico tibetano desde el siglo XII hasta la actualidad giran en torno a la interpretación de Chandrakirti.

La *Introducción al camino medio* con el comentario del propio autor (*Madhyamakavatara-bhasya*) está organizada en torno al camino del bodhisattva, que constituye la guía práctica de quienes se consagran a alcanzar la iluminación en beneficio de todos los seres sintientes. Cada capítulo se dedica a una de las diez etapas del camino y expone la naturaleza de la práctica, así como las cualidades que deben cultivarse en cada una. El capítulo sexto, del que proceden los fragmentos aquí seleccionados, ocupa alrededor de dos terceras partes de la obra. Está consagrado a la etapa en la que el bodhisattva cultiva la sabiduría y expone su contenido, en un desarrollo que se apoya en el análisis de la vacuidad de Nagarjuna. Gran parte del capítulo se centra en cómo comprender la ausencia de un yo. Chandrakirti sostiene que el yo es una ilusión, pero que las personas son reales en sentido convencional, con lo cual muestra cómo entender nuestra propia existencia a través de la teoría de las dos verdades (convencional y última) formulada por Nagarjuna.

La traducción procede del texto tibetano de la *Introducción al camino medio* con el comentario del propio autor. Hemos omitido algunos versos y secciones del comentario que se desvían hacia cuestiones marginales, de menor interés para el público contemporáneo.

Tras constatar que las enfermedades mentales y la depravación provienen de considerar que el siempre cambiante conjunto de los agregados posee identidad, y tras comprender que el yo es el objeto de esa creencia, la persona que practica con rigor aborda la refutación de la realidad del yo.

En este contexto, la persona común entiende que el siempre cambiante conjunto de los agrega-

dos es un «yo» con existencia intrínseca, asociado
con aquello que es «mío».

Las enfermedades mentales proceden de
    esa creencia,
y se fundamentan en la idea del yo.
Eso se debe a que la aprehensión habitual
    del yo
tiene al yo como su objeto.

Los filósofos de otras escuelas conciben el yo
como algo permanente, inerte, sin cualidades, un
sujeto, pero no un agente. Esas escuelas le atribu-
yen diversas propiedades.

No existe tal yo:
como el hijo de una mujer estéril,
nada podría engendrarlo.
Ni siquiera es real en sentido convencio-
    nal.
Todas las propiedades que esas escuelas
    le atribuyen al yo

quedan refutadas por el argumento
de que el yo no es originado.
Como ellas mismas lo admiten, carece
de sentido atribuirle propiedades.

Por lo tanto, no existe un yo distinto de
los agregados,
pues toda experiencia del yo depende
de ellos.
Tampoco puede ser el fundamento de la
aprehensión del yo,
ya que incluso quienes desconocen esas
teorías aprehenden un yo.

Ni siquiera quienes han renacido como
animales durante eones
perciben un yo permanente y no originado.
No obstante, también ellos se aprehenden a sí mismos como un «yo».
Así, no existe un yo distinto de los agregados.

Algunos dicen que, dado que no existe un
   yo distinto de los agregados,
el objeto de la aprehensión del yo
son los propios agregados.
Unos afirman que el conjunto de los
   agregados es su fundamento, y otros,
   que lo es solo la mente.

Dicen eso porque no hay razonamiento algu-
no que demuestre la existencia de un yo distinto de
los agregados psicofísicos. Los propios agregados
son el objeto de las creencias erróneas sobre el yo.
Por lo tanto, concluyen que el yo no es más que el
conjunto de los agregados.

Si el yo fuera el conjunto de los agregados,
sería múltiple, pues los agregados son
   muchos.
En ese caso, también sería sustancial
y no habría problema en verlo como
   sustancia.

Si aceptáramos la premisa de que los agregados son el yo, se seguiría que hay muchos yoes, puesto que hay muchos agregados. Incluso si se pensara que solo el agregado de la consciencia es el yo, seguiría habiendo muchos yoes, ya que la consciencia es múltiple. Esto se debe a que existen muchas clases de consciencia, como la visual y otras semejantes, y a que los episodios de consciencia surgen y cesan a cada instante [...].

Esas escuelas tendrían que admitir que el yo es sustancial, pues consideran que los agregados psicofísicos son sustancias con propiedades distintas, como la de ser recordados después de haber sido experimentados [...]. Y eso implicaría que el siempre cambiante conjunto de los agregados es sustancial.

Semejante yo entraría y saldría de la
    existencia a cada instante,
y dejaría de existir en el nirvana.
Como el agente dejaría de existir,

otro experimentaría las consecuencias de
   sus acciones.

Si el yo fuera los agregados, cesaría en el nirvana, pues el continuo de los agregados termina
en el nirvana. [...] Y del mismo modo que cesan
en el nirvana, entran y salen de la existencia momento a momento. Por lo tanto, si el yo fuera los
agregados, también tendría que entrar y salir de
la existencia. [...] Y si el yo surgiera y cesara constantemente, no podría ser agente. [...] Es más, las
consecuencias de las acciones realizadas por una
persona serían experimentadas por otra.

Algunos podrían decir que eso no supone
   un problema,
porque los momentos forman un continuo.
Pero ya hemos demostrado que esa postura es falaz.
Así, ni el conjunto de los agregados ni la
   mente pueden ser el yo, igual que el
   mundo no llega a su fin.

Es más, cuando el meditador alcanza la
    realización del no-yo,
hay que admitir que se percibe a sí mismo
    como inexistente.
Por lo tanto, aunque se haya refutado la
    existencia de un yo permanente,
no se puede sostener que los agregados o
    la mente constituyan el yo.

Consideremos a una persona que medita y
comprende la verdad del sufrimiento en términos
de ausencia de yo, y piensa: «Todos los fenómenos
carecen de yo». Si los agregados o solo la consciencia fueran el yo, entonces, cuando ese meditador percibe la ausencia de yo, también percibiría la
no existencia de los agregados. Pero nadie sostiene
eso. Por lo tanto, los agregados no son el yo.

Algunos podrían decir que los agregados
    son el yo
en el sentido de que lo constituyen en
    conjunto,

no de manera individual.

Pero el conjunto nunca es quien protege, el que debe ser apaciguado o el
testigo.

Así, el yo no es el conjunto de los agregados.

Por ejemplo, cuando llamamos «árboles»
a un bosque queremos decir que el bosque está
constituido por un conjunto de árboles, no que
el bosque tenga la misma naturaleza sustancial
que un árbol, pues en ese caso cada árbol sería un
bosque. Por analogía, se podría decir que el yo es el
conjunto de los agregados. Sin embargo, como los
conjuntos carecen de existencia sustancial, no tendría sentido afirmar que el yo es el que protege, el
que controla o el testigo. Por lo tanto, el conjunto
no puede ser el yo.

Si el yo fuera el conjunto de los agregados,
entonces, del mismo modo que el yo es
como un carruaje,

el mero conjunto de piezas de un carruaje
   sería el carruaje.
Pero los textos dicen que el yo depende
   de los agregados, no que sea idéntico
   a su totalidad.

En el caso de una cosa designada a partir de otras, la designación no es idéntica al simple conjunto de las partes que la componen. Esto se debe a que la entidad compuesta se designa de manera dependiente, igual que las cosas que dependen de los elementos. Por ejemplo, los fenómenos macroscópicos —como el color azul o los ojos— se designan a partir de procesos causales de elementos subyacentes. Sin embargo, esos fenómenos superiores no son idénticos a dichos elementos. Por analogía, aunque el yo se designe a partir de los procesos causales de los agregados, no es idéntico a ellos.

No tiene sentido que lo que está compuesto de partes

sea lo mismo que las partes que lo componen,
pues eso equivaldría a identificar al agente y al objeto.
Y no se puede afirmar que hay acción sin
agente.

Buda nos enseñó que el yo depende de los
seis elementos:
tierra, agua, fuego, viento, consciencia y
espacio,
y también de las seis facultades que hacen
posible el contacto,
como la visión.
Además, dijo que el fundamento del yo
son la mente y los procesos mentales.
Por lo tanto, el yo no es idéntico ni a cada
uno de ellos por separado
ni a todos ellos en conjunto.
Por eso no son lo que se aprehende como
«yo».

Puesto que se dice que el yo se designa a partir de los elementos y de otros fenómenos, no puede ser idéntico a ellos. Sin embargo, tampoco tiene sentido afirmar que es idéntico al conjunto de todos esos fenómenos. Como esos fenómenos no pueden ser un yo real, sería irracional sostener que el «yo» se aprehende como idéntico a ellos o como contenido en ellos. Por lo tanto, dado que los agregados psicofísicos no son el objeto de la aprehensión del «yo» y no hay nada aparte de ellos que lo sea, no aprehendemos ningún objeto real cuando aprehendemos el «yo». Por este motivo, quienes practican la meditación con rigor no deben reificar el yo y han de comprender que la persona carece de esencia. Una vez que nos liberemos de lo meramente fabricado, dejaremos de creer que el yo posee a los agregados y trascenderemos el sufrimiento.

Habrá quien diga que al comprender el no-yo
negamos la existencia de un yo permanente,

aunque no sea el fundamento de la aprehensión.
Si lo fuera, sería incongruente sostener
que la realización del no-yo elimina el
concepto de existencia del yo.

Sería como si alguien que ve una serpiente en la pared de su casa
calmara sus temores constatando
que al menos no se trata de un elefante.
Con razón la gente se burlaría de él.

El yo no se halla en los agregados,
ni los agregados en el yo.
Reificar el yo tendría sentido
si fueran distintos; pero no lo son.

Si fueran realmente distintos, podríamos decir que uno es el continente y el otro el contenido,
como el yogur en un cuenco: son distintos, y uno
es el continente y el otro el contenido. Sin embargo, dado que los agregados psicofísicos y el yo

no son distintos en este sentido, no se puede decir
que uno sea el continente y los otros el contenido.

> Algunos dicen que el yo es sustancial-
> mente real,
> pero que su relación con los agregados es
> indescriptible:
> no se puede decir nada de ella,
> por ejemplo, si es permanente o imper-
> manente.

> También sostienen que el yo es un objeto
> de conocimiento
> de las seis clases de consciencia,
> y que constituye el fundamento
> de la aprehensión del yo.

Los miembros de la escuela sammitiya sostienen lo siguiente: dado que no existe una persona
aparte de los agregados psicofísicos, la persona no
puede ser diferente de ellos. Sin embargo, tampoco puede ser idéntica a los agregados, pues en ese

caso estaría surgiendo y cesando constantemente. Por lo tanto, concluyen, la relación de la persona con los agregados es indescriptible en términos de identidad y diferencia. Y así como la persona no es ni idéntica ni diferente de los agregados, tampoco puede decirse que sea permanente ni impermanente. Con todo, argumentan, conocemos a esa persona por medio de las seis clases de consciencia, y existe sustancialmente porque es un agente y un sujeto real, y participa de la existencia cíclica, de la cesación del sufrimiento, del apego y de la liberación. Es esa persona el objeto de la aprehensión del yo.

Pero ni las cosas reales
ni la relación entre la mente y el cuerpo
se consideran indescriptibles.
Si el yo existiera, sería tan expresable
como la mente.

Por lo tanto, el fundamento de la aprehensión del yo no es una cosa real.

No es distinto de los agregados ni posee
    su naturaleza.
No contiene a los agregados ni los posee,
sino que existe en virtud de ellos.

Aceptamos la afirmación «esto surge en virtud de aquello» para no entrar en contradicción con el marco de la convención mundana. Sin embargo, al hacerlo no aceptamos las creencias extremas sobre el surgimiento, como el surgimiento sin causa. Por analogía, aceptamos que el yo se designa a partir de los agregados y seguimos las convenciones cotidianas relativas al uso de la palabra *yo*. Lo que no aceptamos son las creencias erróneas sobre él.

Un carruaje no es idéntico a sus partes,
ni es distinto de ellas ni las posee.
No está en sus partes, ni sus partes están
    en él.
No es el conjunto de sus partes ni es
    idéntico a cierta combinación de ellas.

Si el carruaje fuera simplemente el conjunto de sus partes,
seguiría existiendo aunque lo desmon-
   táramos.
Como sin un poseedor no hay partes,
tampoco tiene sentido decir que el carruaje es la combinación de sus partes.

Aunque el carruaje no existe en ninguna
   de las siete formas posibles,
ni en la realidad última ni en el mundo
   ordinario,
siguiendo la convención mundana lo
   designamos
en virtud de sus partes, y sin análisis.

Cuando buscamos el carruaje de estas siete
maneras, descubrimos que no existe ni en sentido
último ni en sentido convencional. Sin embargo, si dejamos de lado el análisis, el carruaje se
designa a partir de sus partes. [...] Por lo tanto,
como aceptamos tanto la originación dependien-

te como la designación dependiente, los seguidores del camino medio no rechazamos las convenciones mundanas. [...] En este sentido, aceptamos tanto el uso común de la palabra *carruaje* como el de todas las demás palabras, siempre que no se sometan a un examen analítico.

El carruaje es el poseedor de sus partes
y está constituido por ellas.
También es el agente del transporte.
La gente común lo concibe como compuesto por sus partes.
Nosotros no rechazamos esa convención mundana.

Por analogía, como se da por sentado en el uso cotidiano,
el yo se concibe como aquello que,
al depender de los agregados,
se apropia de los elementos y de las esferas sensoriales.

Lo que se toma como propio se considera su objeto y también se considera un agente.

Pero como no existe sustancialmente,
no es mutable ni inmutable.
Ni surge ni cesa,
no posee características como permanencia o impermanencia, identidad o diferencia.

Este es el fundamento a partir del cual los seres aprehenden constantemente el «yo»,
y, por asociación, aprehenden las cosas como «mío».
El yo que se aprehende de esa manera existe solo como una ilusión.

Puesto que no hay objeto de la acción sin agente, tampoco puede haber «mío» sin «yo». Por lo tanto, cuando la persona que practica la meditación comprende que el yo y el mío son vacíos, alcanza la liberación.

TERCERA PARTE

ENSEÑANZAS DEL BUDISMO CHAN

ROBERT H. SHARF

En la primera parte hemos estudiado el budismo temprano recogido en las fuentes pali y hemos aprendido que no existe un alma permanente ni una esencia perdurable en nuestro ser. La persona es un conjunto de partes que existen solo de manera momentánea e interactúan entre sí de formas complejas. La noción de «yo» es simplemente un recurso práctico para referirse a esa totalidad; como la idea de «carruaje», se trata de una abreviatura útil para aludir a un ensamblaje de componentes (ruedas, eje, armazón, etcétera).

La idea de que la noción budista del «yo» es una ilusión generada por la interacción compleja de componentes individuales recuerda a la teoría contemporánea defendida por los materialistas reduccionistas, según la cual la consciencia no existe con independencia del cerebro. En otras palabras, sostienen que la mente puede explicarse —o incluso reducirse por completo— a los estados neuronales del cerebro humano. Sin embargo, hay una diferencia entre el reduccionismo budista temprano y el materialismo moderno: para este, los elementos que nos componen son todos del mismo tipo —el universo está compuesto enteramente de materia física—, mientras que, para aquel, dichos elementos incluyen tanto lo material como lo inmaterial.

En la segunda parte vimos que a los seguidores de la escuela Madhyamaka no les satisfacía esta concepción. Para ellos, los elementos individuales que se coordinan para generar la ilusión del yo son, en última instancia, tan vacíos como el propio yo. Esto se debe a que resultan ser productos de nuestro pensamiento conceptual, y tanto el lenguaje como el pensamiento son inadecuados para la tarea de captar el mundo tal como realmente es. Incluso afirmar que existe, o que no existe, un mundo independiente del pensamiento es, en última instancia, inútil.

Sin embargo, había filósofos budistas —como los de la escuela Yogacara (Solo-mente)— que no estaban de acuerdo ni con el reduccionismo del canon Abhidharma ni con la deconstrucción de la escuela Madhyamaka. Consideraban que el análisis de la vacuidad propio del Madhyamaka era insatisfactorio e incompleto —y quizá incluso moralmente pernicioso—, pues no daba cuenta de nuestra experiencia vivida del mundo ni ofrecía una guía detallada de la práctica y la liberación. Estos pensadores sostenían que un análisis riguroso del funcionamiento de la mente, la consciencia y la representación mental debía explicar cómo surge la ilusión del yo y, por ende, cómo puede superarse.

Los filósofos de la escuela Yogacara (Solo-mente) explican a veces la relación entre la mente y el mundo mediante la analogía del espejo. El mundo de nuestra experiencia vivida —el que aparece a las facultades sensoriales— es comparable a las imágenes que surgen en la superficie de un espejo: parecen reales, pero en realidad no son más que representaciones mentales. La mente se asemeja al espejo mismo, en cuanto permanece esencialmente inmutable frente a las imágenes que en él aparecen. Esto no significa que no reaccionemos a esas imágenes: experimentamos alegría, aburrimiento, tristeza, ira y otras emociones, pero todas son fenómenos fugaces que surgen y se desvanecen en la mente, como las imágenes en un espejo. La liberación consiste en aprender a no dejarse atrapar por esas imágenes efímeras, sino en atender al espejo-mente inmutable.

La práctica moderna de la atención plena se entiende a veces en términos semejantes. Al estudiante de *mindfulness* se le instruye para que concentre la atención en lo que ocurre aquí y ahora, momento a momento, sin juzgarlo ni reaccionar ante ello. Se aprende a experimentar el mundo con desapasionamiento, como algo transitorio, ilusorio y carente de yo, lo cual conduce a desprenderse de las imágenes, los deseos, las esperanzas y los temores efímeros que surgen y se desvanecen. En lugar de identificarse con el contenido de la experiencia (los reflejos en el espejo), se aprende a atender al hecho mismo de experimentar. Esta modalidad de práctica del *mindfulness* recibe a veces el nombre de «práctica de la visión penetrante» (vipassana-bhavana en pali), pues su propósito es propiciar la comprensión de las verdades de la impermanencia y del no-yo, y mitigar el apego y el sufrimiento.

La tradición Chan surgió en la China del siglo VIII, en un momento en que las ideas de la escuela *Yogacara* (Solo-mente) estaban en boga y una forma de meditación de atención plena se hacía cada vez más popular, no solo entre los monjes, sino también entre los laicos. (La palabra *Chan* procede de la transliteración china del término sánscrito para «meditación».) El Chan se presentaba, de manera semejante a lo que sucede hoy con el *mindfulness*, como una vía directa a la liberación que no exigía cambios radicales en el modo de vida, ni prolongados estudios doctrinales, ni la práctica de rituales extenuantes. Sin embargo, ese método directo no estuvo exento de polémica. Entre maestros Chan rivales se abrió un debate sobre si era posible alcanzar la iluminación de forma rápida —incluso instantánea— o si, por el contrario, se requería un largo proceso de preparación física, moral y mental. Esto llegó a conocerse como la controversia entre la iluminación súbita y la gradual.

Por lo general, los gradualistas se inclinaban hacia las enseñanzas de la escuela Yogacara (Solo-mente). Para ellos, meditar era como pulir un espejo: la liberación se alcanzaba cultivando la pureza moral, limpiando la mente de los apegos y profundizando en la comprensión meditativa. No todos estaban de acuerdo. Los subitistas sostenían que hablar de la mente, la pureza, la comprensión, la liberación y la realización solo ofrecía a los practicantes más objetos a los que aferrarse. Para estos maestros, aferrarse a cualquier objetivo, por elevado o espiritual que fuera, perpetuaba el problema del apego. Había que desprenderse de todo, incluso de las enseñanzas de Buda. La célebre máxima «si te cruzas con Buda, mátalo», atribuida a Linji Yixuan (†866), maestro Chan del siglo IX, expresa que no solo debemos soltar la idea del yo, sino también la de un sendero espiritual que seguir y la de un objetivo que alcanzar.

Los partidarios de la iluminación súbita resultan difíciles de comprender, pues sostenían que para alcanzar la liberación era necesario renunciar incluso al esfuerzo de alcanzarla. Esta postura se ejemplifica en la célebre historia de la primera transmisión de las enseñanzas Chan de India a China. Según la leyenda, el maestro de meditación Bodhidharma emprendió el largo viaje desde India hasta China para transmitir la enseñanza. Tras una breve audiencia con el emperador, se retiró a una cueva remota en el norte de China. Un joven buscador chino, Huike, oyó hablar del gran maestro indio y logró dar con su paradero. Lo encontró sentado en silencio frente a la pared de la cueva y decidió esperar pacientemente a que lo advirtiera. El invierno arreció y la nieve se acumulaba a su alrededor, pero Bodhidharma no se movía. Finalmente, Huike tomó un cuchillo, se cortó un brazo y lo depositó delante del maestro, con lo cual logró atraer su atención y dio lugar al célebre diálogo que sigue.

—Mi mente no está en paz —dijo Huike—. Maestro, te ruego que me ayudes a pacificarla.

—Dame tu mente y lo haré —respondió Bodhidharma.

—La he buscado sin descanso, pero no he logrado encontrarla —dijo Huike.

—Pues ahí lo tienes: ya la he pacificado —dijo Bodhidharma.

El problema de Huike era su apego a la idea de que existía algo que debía ser liberado. Quizá la persona carezca de un alma permanente o de un yo, pero sin duda posee una mente que experimenta los fenómenos, entre ellos el sufrimiento. ¿Cómo es posible sufrir sin mente? ¿Y acaso el budismo no es un método para pacificarla? La respuesta de Bodhidharma es que la mente no es más que otro concepto vacío. Y al comprenderlo, Huike se liberó. Con el tiempo, llegó a ser el segundo patriarca de la escuela Chan china.

La idea de que la mente o la consciencia no son reales figura entre las enseñanzas más radicales y contraintuitivas de la tradición Chan temprana. También resulta difícil de sostener, pues argumentar implica recurrir a conceptos e ideas, y los maestros Chan insisten en que es precisamente ese recurso a los conceptos lo que sostiene la ilusión de ser un yo dotado de mente. Por eso, en lugar de defender su postura, los textos Chan que presentamos en este capítulo —que representan la posición de la iluminación súbita— buscan que lo veamos directamente. Nos insisten en dejar de pensar acerca del mundo y simplemente mirarlo. Si lo conseguimos, la aparente dicotomía entre la mente y el mundo se derrumba. No solo las imágenes del espejo son ilusorias: el espejo también lo es.

En otras palabras, la mayoría de nosotros vivimos dando por sentado que, como seres sintientes, poseemos una mente que nos revela el mundo y que existe un «exterior», compuesto sobre todo de materia, y un «interior», que es el ámbito de la experiencia subjetiva. Incluso si no pensamos demasiado en cuestiones filosóficas, la distinción entre lo interior y lo exterior resulta fundamental para percibir el mundo y orientarnos en él. Tomemos la muerte como ejemplo. Muchas personas no religiosas creen que, con la muerte, su mundo experiencial interno dejará de existir; quienes creen en un más allá, en cambio, suponen que el yo subjetivo se traslada a otra dimensión. En ambos casos, se considera que el mundo material que conocíamos mientras estábamos vivos continuará sin nosotros tras la muerte.

Por el contrario, para el budismo Chan esa dualidad entre lo interno y lo externo, entre el yo y el otro, entre la mente y el mundo, es una ilusión. No se nos da en la inmediatez de la experiencia, sino que es más bien una proyección imaginaria. Podemos proponer una explicación biológica, evolutiva, sociológica o psicológica de cómo surgió esa proyección, pero, según el Chan, no es solo una ilusión, sino también la fuente misma del sufrimiento humano.

Los textos Chan presentados en este capítulo afirman que carecemos de mente. Su objetivo es ayudarnos a superar la distinción —tan familiar como errónea— entre sujeto y objeto, entre quien percibe y lo percibido, entre la mente y el mundo. Ahora bien, la afirmación de que carecemos de mente suscita numerosas preguntas: ¿Cómo puede alguien sin mente entablar un diálogo sobre la carencia de mente? ¿Afirmar que carecemos de mente equivale a afirmar que no somos seres sintientes? ¿Quiere eso decir que no somos distintos de las piedras o los árboles? Y si carecemos de mente y la intencionalidad no es lo que creemos, ¿qué consecuencias tendría para nuestra concepción de la moral y la ética? Todas estas cuestiones se abordan en los tempranos escritos Chan que siguen.

. . .

Los fragmentos de este capítulo proceden de dos textos: el *Tratado sobre la no-mente* y el *Tratado sobre la cesación del discernimiento*, atribuidos apócrifamente a Bodhidharma, el legendario primer patriarca del Chan chino, que se instaló en China a fines del siglo v o principios del vi d. C. No obstante, los estudiosos creen que ambos son mucho más tardíos, probablemente de la segunda mitad del siglo viii, y que su autor o autores estaban vinculados al linaje Chan de Cabeza de Buey (cuyo nombre proviene del monasterio situado en la montaña Cabeza de Buey, en la actual provincia de Jiangsu), donde residía Niutou Farong (594-657), considerado el fundador de la tradición. Este linaje tuvo gran influencia en el Chan primitivo, sobre todo en el desarrollo de la corriente de la iluminación súbita, y sus escritos se perdieron hasta que, a comienzos del siglo xx, fueron redescubiertos en una cueva de Mogao, cerca de Dunhuang, en el oeste de China.

Son diálogos ficticios entre un maestro y su discípulo. Ninguno comienza con una exposición de «la verdad» a cargo del maestro ni con la expresión de su propio «punto de vista», pues —precisamente— no hay tal verdad y el maestro carece de todo «punto de vista». Eso es lo que lo hace un maestro. Su papel se limita a responder a las preguntas del discípulo, y en esas respuestas no busca obtener su acuerdo intelectual, sino provocar un cambio de perspectiva, tras el cual las preguntas se disuelven.

La tradición Chan posterior llegó a desarrollar géneros literarios originales que emplean el lenguaje de manera compleja y creativa. El género del «caso público» (*gong'an* en chino; *kōan* en japonés), por ejemplo, se caracteriza por la alusión literaria, el calambur y el juego de palabras, la contradicción y la paradoja, y su propósito es indagar en los límites del lenguaje y del pensamiento. En comparación, los textos Chan que presentamos aquí están desprovistos de artificio y su lenguaje es simple. En ocasiones, los intercambios entre el maestro y el discípulo son concisos y crípticos, y nuestra traducción es necesariamente libre. Las palabras cumplen apenas la función de señalamientos, destinadas a revelar lo que permanece oculto a plena vista.

NO-MENTE

La verdad última es inexpresable. Para revelarla no queda más remedio que recurrir al lenguaje. El Gran Camino carece de atributos; para mostrar su carácter hay que participar de lo mundano. Por eso he compuesto un diálogo entre dos personas sobre la no existencia de la mente.

—¿Hay mente o no? —preguntó el discípulo.

—No hay mente —respondió el maestro.

—Si, como dices, la mente no existe, ¿quién ve, oye, siente y conoce las cosas? ¿Quién sabe que no hay mente?

—Es precisamente porque no hay mente que hay ver, oír, sentir y conocer. Es precisamente porque no hay mente que se puede saber que no la hay.

—¡Pero si la mente no existe, tampoco existen la vista, el oído, el sentir y el conocer! ¿Cómo puedes concluir de ahí que sí existen?

—Cuando hablo de la no-mente me refiero precisamente al ver, al oír, al sentir y al conocer. ¿Dónde situaríamos la no existencia de la mente si no es en el ver, el oír, el sentir y el conocer? Me temo que no me comprendes, así que te lo explicaré paso a paso para que comprendas la verdad.

»Toma como ejemplo el ver. Aunque ves todo el día, no hay concepto de ver, así que el ver ocurre sin la mente. Lo mismo con el oír: aunque oyes todo el día, no hay concepto de oír, así que el oír ocurre sin la mente. Lo mismo con el sentir: aunque sientes todo el día, no hay concepto de sentir, así que el sentir ocurre sin la mente. Lo mismo con el conocer: aunque conoces las cosas todo el día, no hay concepto de conocer, así que el conocer ocurre sin la mente. Actúas todo el día, pero sin concepto de actuar, de modo que el actuar también ocurre sin la mente. Por eso afirmo que en el ver, el oír, el sentir y el conocer no hay mente.

—Puesto que la mente no existe, ¿cómo sabemos que no existe?

—Obsérvala con suma atención. ¿Qué apariencia adopta? En caso de poder constatar su presencia, ¿es de verdad la mente lo que constatamos? ¿Está dentro, fuera o en un lugar intermedio? Ten por seguro que no la encontrarás en ninguno de esos tres lugares por mucho que la busques. De eso se sigue que es imposible hallarla en ningún sitio; por eso sabemos que no hay mente.

Ya que afirmas que es imposible encontrar la mente en ningún lugar, de eso se sigue que tampoco existen actos buenos o malos. En ese caso, ¿por qué los seres vivos continúan transmigrando por los seis reinos del renacimiento (seres infernales, espíritus hambrientos, animales, seres humanos, asuras y dioses), naciendo y muriendo una y otra vez?

—Los seres humanos se confunden e imaginan que hay mente donde no la hay. Se entregan a toda clase de actividades y se aferran, en su ignorancia, a la existencia de la mente; de ese modo, acaban atrapados en el ciclo de la transmigración por los seis reinos, naciendo y muriendo sin cesar. Es como la persona que, en la oscuridad, confunde un tocón de árbol con un espectro o una cuerda con una serpiente: de inmediato el terror se apodera de ella. Con las proyecciones de la mente sucede lo mismo. Cuando alguien se pone bajo la guía de un maestro espiritual, que le enseña a practicar la meditación sentada, y reconoce que no hay mente, sus equivocaciones pasadas se desvanecen, el ciclo del nacimiento y la muerte se detiene y las tinieblas se disipan de inmediato, como cuando un rayo de luz irrumpe en un lugar oscuro: la oscuridad desaparece al instante. Del mismo modo, cuando descubres que no hay mente, tus transgresiones pasadas se desvanecen inmediatamente.

—Me temo que soy un necio, pues sigo sin entenderlo. ¿De verdad carece de mente la persona que vive en el mundo y usa los seis sentidos, que habla cuando le preguntan, que se dedica a toda clase de actividades, que está engañada o se ha iluminado, que está atrapada en la transmigración o ha alcanzado la liberación?

—En efecto, esa persona realmente no tiene mente. Los seres vivos imaginan que tienen mente y por eso decimos que están sumidos en la ilusión y sujetos al ciclo de la vida y la muerte o que han alcanzado la iluminación y la liberación. Pero, cuando comprendemos que no hay mente, comprendemos que tampoco hay ilusión, vida, muerte ni liberación. Por eso, Buda hablaba de la vida y de la muerte como si fueran reales, en beneficio de quienes se aferran a la existencia de la mente. La «iluminación» solo tiene sentido en oposición a la «ilusión», y la «liberación» solo tiene sentido en oposición a la «vida y la muerte». Esas enseñanzas son simples remedios para sanar una dolencia concreta. Una vez que comprendes que no hay mente, ni la ilusión ni la iluminación pueden encontrarse. Y lo mismo ocurre con la liberación y con la vida y la muerte: tampoco pueden ser aprehendidas.

—Si la iluminación y la liberación no pueden alcanzarse, ¿qué significa entonces la afirmación de que los budas del pasado alcanzaron la iluminación?

—Desde el punto de vista del lenguaje y de la convención mundana, sí alcanzaron la iluminación y la liberación. Sin embargo, desde el punto de vista de la verdad última, no hay nada que alcanzar. Como dice el *Sutra de Vimalakirti*: «La iluminación no puede alcanzarse ni con el cuerpo ni con la mente». Y el *Sutra del diamante* afirma: «No hay la más mínima cosa que alcanzar». Lo que todos los budas alcanzaron es la realización de que no hay nada que alcanzar. Por lo tanto, sabemos que, si postulas la existencia de la mente, entonces todo existe; pero si no hay mente, no existe nada en absoluto.

—Venerado maestro, afirmas que todo sin excepción carece de mente. Sin embargo, las piedras y los árboles también carecen de ella. Seguramente no quieres decir que los seres vivos son iguales a las piedras y los árboles.

—Mi no-mente no es lo mismo que las piedras ni los árboles. ¿Por qué? Es como un tambor celestial que, aun sin mente, emite espontáneamente maravillosas enseñanzas que instruyen a los seres vivos. O como una gema que cumple los deseos, que, aun sin mente, produce espontáneamente diversas apariciones. Lo mismo sucede con mi propia ausencia de mente: aunque carezca de una, soy perfectamente capaz de aprehender la forma verdadera de las cosas y, dotado de sabiduría, en todas mis manifestaciones respondo libremente a los estímulos, sin impedimento. Por eso dice el *Sutra del cúmulo de joyas*: «Carente de intención mental, pero manifiestamente activo». ¿Cómo podría eso ser lo mismo que las piedras y los árboles? En verdad, la no-mente es precisamente la verdadera mente, y la verdadera mente es precisamente la no-mente.

—Permanece simplemente consciente de lo que sucede. La ausencia de mente es precisamente la práctica; no hay otra práctica. Por lo tanto, comprende que la ausencia de mente es precisamente el mundo que te rodea y que la serenidad es precisamente la ausencia de mente.

En ese mismo instante, el discípulo lo comprendió de golpe, y tomó consciencia por primera vez de que, aparte de la mente, no existen las cosas, y de que, aparte de las cosas, no existe la mente.

NADA QUE ALCANZAR

Como en el caso del *Tratado sobre la no-mente*, el *Tratado sobre la cesación del discernimiento* pretende que el lector comprenda que la mente es una ilusión. Sin embargo, las respuestas a las objeciones del interlocutor son más detalladas. Algunas ya nos resultan conocidas: ¿la ausencia de mente implica que no somos diferentes de los objetos inanimados como los árboles y las piedras? ¿Implica que nuestros actos no tienen consecuencias morales?

¿Implica que la práctica espiritual no es necesaria? Y si nadie tiene mente, ¿en qué se diferencia quien lo comprende (un sabio o un buda) de quien no? Al dar respuesta a estas preguntas, el texto se sumerge en la paradoja que yace en el corazón del Chan: los intentos de mejorarse por medio de la práctica espiritual resultan contraproducentes, pues refuerzan la ilusión de que hay alguien que necesita ser liberado. En efecto, hacer cualquier cosa intencionalmente mantiene viva la ilusión. La única solución, al parecer, es dejar de hacer absolutamente nada.

El texto incluso repudia la práctica de la meditación. El maestro recomienda de manera explícita al interlocutor no practicar el *nian* (念), término que aquí traducimos como «contemplación», pero que también significa «pensar» o «razonar». *Nian* es la traducción china estándar de la voz sánscrita *smṛti* (*sati* en pali), que por lo general se traduce como «atención plena». Para el autor, la meditación refuerza el apego al yo, ya la entendamos como contemplación de una verdad superior, como recuerdo de la doctrina o como práctica de la atención plena.

El propio título del texto, *Tratado sobre la cesación del discernimiento*, manifiesta sin ambages su carácter heterodoxo y antinómico. Los budistas chinos usan el término que aquí traducimos como «discernimiento» (*guan* 觀) para referirse a la voz sánscrita *vipaśyanā*, que habitualmente se traduce como «visión penetrante». Por lo general, se considera que la visión penetrante es el objetivo mismo de la práctica budista, pues conduce a la iluminación y a la cesación del sufrimiento. Por lo tanto, la afirmación de que hay que abandonar tanto la práctica de la meditación como la del discernimiento es deliberadamente contradictoria y pretende mostrar que las prácticas con una meta no hacen sino reforzar la ilusión de un yo o, en el lenguaje del texto, de un «agente».

El diálogo comienza con el Maestro Veracidad sentado en completo silencio e inmovilidad. Su discípulo, Umbral, rompe el silencio:

—¿Qué es la mente? ¿Cómo puedo poner en paz mi mente?

—No debes postular la existencia de la mente ni intentar forzar un estado de paz. Eso es lo que se llama paz.

—Si la mente no existe, ¿cómo practicar el Camino?

—El Camino no es algo que pueda contemplarse con la mente. ¿Cómo podría el Camino estar en la mente?

—Si el Camino no es algo que pueda contemplarse con la mente, ¿cómo debería contemplarse?

—Si hay contemplación, hay actividad mental, y toda actividad mental va en contra del Camino. Cuando no hay contemplación, no hay mente; y la no-mente es el verdadero Camino.

—¿Acaso todos los seres vivos tienen mente, o no?

—Creer que los seres vivos poseen mente es entenderlo todo al revés. Precisamente, cuando atribuimos una mente a lo que no la tiene, generamos la ilusión.

—¿Qué clase de cosa es esta ausencia de mente?

—La ausencia de mente es precisamente la ausencia de cualquier cosa. La ausencia de cosas es el orden natural, y el orden natural es el Gran Camino.

—¿Cómo, pues, extinguir las ilusiones de los seres vivos?

—Si concibes la ilusión o su extinción, aún no te has liberado de la ilusión.

—Si no se extingue la ilusión, ¿se puede estar en conformidad con el Camino?

—Quien habla de «conformidad» o «no conformidad» no se ha liberado aún de la ilusión.

—¿Qué hacer entonces?

—¡La clave es no hacer nada!

Umbral preguntó:

—Hablas de un sabio. ¿Qué debo eliminar o qué debo alcanzar para ser considerado un sabio?

—Un sabio es precisamente alguien que no elimina nada ni alcanza nada.

—Si un sabio no elimina nada ni alcanza nada, ¿qué lo diferencia de una persona común?

—No son iguales por el siguiente motivo: la persona común, a diferencia del sabio, cree neciamente que hay algo que eliminar y algo que alcanzar.

—Dices que la persona común cree que hay algo que alcanzar, mientras que el sabio no. ¿Cuál es, pues, la diferencia entre alcanzar y no alcanzar?

—La creencia de la persona común de que hay algo que alcanzar es en sí misma una ilusión. El sabio, al comprender que no hay nada que alcanzar, se ha liberado de la ilusión. Cuando hay ilusión, se puede debatir si son diferentes o no; pero cuando no la hay, no existe ni diferencia ni semejanza.

—Si no hay diferencia, ¿en qué nos basamos para llamar a alguien sabio?

—«Persona común» y «sabio» no son más que nombres. Como tales, no son dos cosas y, por lo tanto, no hay diferencia real entre ellos. Es como hablar de la piel de la tortuga y los cuernos de la liebre.

—¡Si el sabio es semejante a la piel de la tortuga o a los cuernos de la liebre, en última instancia el sabio no existe! ¿De qué sirve, entonces, aconsejar la práctica a todo el mundo?

—He dicho que la piel de la tortuga no existe, no que la tortuga no exista. Formula la pregunta con precisión.

—¿Qué representa la ausencia de la piel y qué representa la tortuga?

—La tortuga es el Camino y la piel el yo. Así, el sabio carece de yo, pero tiene el Camino. En cambio, la persona común, que toma el yo y los nombres como si fueran existentes, se aferra a ellos como quien se aferra a la existencia de la piel de la tortuga o de los cuernos de la liebre.

—En ese caso, el Camino ha de ser existente y el yo ha de ser no existente. ¿No equivale eso a las falsas posturas del eternalismo y el nihilismo?

—No se trata de que el Camino sea existente y el yo no existente. ¿Por qué? La tortuga no es algo que antes no existía y ahora existe; por lo tanto, no podemos atribuirle la existencia. La piel de la tortuga no es algo que antes existía y ahora no existe; por lo tanto, tampoco podemos atribuirle la no existencia. Por analogía, lo mismo ocurre con el Camino y con el yo.

—La persona común tiene cuerpo y ve, oye, siente y conoce. El sabio también tiene cuerpo y ve, oye, siente y conoce. ¿En qué se diferencian entonces? —preguntó el discípulo.

—La persona común ve con los ojos, oye con los oídos, siente con el cuerpo y conoce con la mente. El sabio no. Su ver no es el ver de los ojos, y lo mismo ocurre con los demás sentidos, incluido el conocer, que no es el conocer de la mente. ¿Por qué? Porque el sabio ha trascendido la percepción de las cosas a través de los sentidos.

—Entonces, ¿por qué dicen las escrituras que el sabio carece de vista, de oído, de sensación y de conocimiento?

—El sabio puede no ver, oír, sentir ni conocer igual que la persona común, pero eso no significa que carezca de campo perceptivo. Más bien, no se puede caracterizar lo que percibe como existente o no existente, pues ha trascendido tales distinciones.

—¿Es real lo que percibe la persona común?

—No tiene existencia real, pero sí ilusoria. En su origen, las cosas son serenas e inmóviles, pero la ilusión y el pensamiento lo trastornan todo.

—No lo comprendo. ¿Cómo es que el sabio ve, pero no con los ojos, y conoce, pero no con la mente?

—La naturaleza de las cosas es difícil de percibir, pero puede aprehenderse por medio de la analogía. Piensa en un espejo: se diría que ilumina las cosas que refleja, pero en realidad no hay un ojo que lleve a cabo esa iluminación. Piensa también en los augurios que predicen ciertos acontecimientos: se diría que conocen el futuro, pero en ese conocer no hay intención.

El discípulo preguntó:

—Entonces, ¿quién posee el Camino?

—En última instancia, nada posee el Camino. Como el espacio, carece de fundamento. Si algo

pudiera poseerlo, el Camino podría abrirse o blo-
quearse; habría un anfitrión y un huésped.

—¿Cuál es, pues, el origen del Camino y cuál
su actividad fenoménica?

—El origen del Camino es el espacio vacío y
su actividad fenoménica es el mundo manifiesto.

—¿Quién cumple la función de creador en
todo esto?

—No hay un creador. La realidad misma funciona de manera natural por sí sola.

—¿No es la fuerza kármica de los seres vivos
la que cumple la función del creador?

—Los seres sujetos al karma están encadena-
dos por las ataduras del karma y no pueden escapar
a sus consecuencias causales. ¿De dónde sacarían
el tiempo para excavar los mares, alzar las monta-
ñas y establecer el cielo y la tierra?

—¿El Camino reside solo en los seres sintientes o
también en las hierbas y los árboles? —preguntó
el discípulo Umbral.

—El Camino lo penetra todo —respondió el Maestro Veracidad.

—Si el Camino lo penetra todo, ¿por qué es un delito matar a una persona, pero no cortar las hierbas o talar los árboles?

—Hablar de si algo constituye o no un delito es una cuestión relacionada con la sensibilidad; por lo tanto, no pertenece al verdadero Camino. Las personas mundanas, que no han comprendido la verdad, creen que el yo existe. La idea de matar implica una intención mental, y la intención genera karma. Por eso convenimos en que matar a una persona es un delito. Las hierbas y los árboles carecen de sensibilidad y están esencialmente en armonía con el Camino. Al estar libres de yo, no consideramos que segar la hierba o talar un árbol sea un asesinato y, por lo tanto, no discutimos sobre si hacerlo constituye un delito o no.

Ahora bien, las personas que se han liberado del yo y viven en armonía con el Camino conciben su cuerpo como conciben las hierbas y los árboles.

Para ellas, cortarse un miembro es como cortar un árbol del bosque.

—¿Cómo comprender la verdad última del vacío? —preguntó el discípulo Umbral.

—Debe buscarse entre las formas materiales y comprenderse en la propia palabra.

—¿Qué quiere decir buscar la verdad última entre las formas materiales y comprenderla en la propia palabra? ¿Cómo buscarla entre las formas materiales y comprenderla en la palabra?

—El vacío y la forma son uno. La palabra y la comprensión no son dos.

—Si todas las cosas son el vacío, ¿por qué el sabio es capaz de atravesarlas, mientras que la persona común tropieza con todo tipo de obstáculos?

—Cuando la ilusión está activa, surgen los obstáculos; con la quietud de la verdad, se atraviesan.

—¿Cómo se corrompe el verdadero vacío? Y, una vez corrompido, ¿cómo se elimina la corrupción?

—Sucede en el momento en que se habla desde la ilusión: en ese instante, tanto uno como sus actos dejan de estar despiertos. En el verdadero vacío no hay nada que pueda contaminarse.

—Pero si todo es vacío, los seres humanos no deberían tener la necesidad de practicar el Camino, pues la vacuidad es su estado natural.

—Si los seres vivos comprendieran la verdad de la vacuidad, no necesitarían practicar el Camino. Si generan las ilusiones de la existencia es solo porque no reconocen el vacío en el vacío.

—Si liberarse de la ilusión conduce al Camino, ¿por qué dices que el Camino consiste en no hacer nada?

—Has entendido mal mis palabras. Es cierto que la ilusión no es el Camino, pero la liberación de la ilusión tampoco lo es. ¿Por qué? Cuando una persona está ebria no está sobria, y cuando está sobria no está ebria. Sin embargo, aunque la idea de la sobriedad se predica a partir de la de la ebriedad, eso no quiere decir que la sobriedad y la ebriedad sean idénticas.

—Cuando estamos sobrios, ¿dónde va la ebriedad?

—No te preguntas dónde va la mano cuando vuelves la palma.

—¿Alguien que no haya comprendido aún esta verdad puede explicar las enseñanzas e instruir a los demás? —preguntó Umbral entonces.

—No —respondió el Maestro Veracidad—. ¿Cómo podría curarle los ojos a otro alguien que tiene la vista nublada?

—¿Ni siquiera podría, mediante el poder de su comprensión, emplear algún método para instruir a los demás?

—Solo quien ha comprendido el Camino puede hablar con legitimidad del poder de la comprensión. En cambio, quien no ha comprendido el Camino solo puede hablar del poder de su ignorancia. ¿Por qué? Porque ambos poderes solo sirven para intensificar su sufrimiento.

—Aunque no pueda instruir a los demás conforme a la verdad, ¿no sería beneficioso instruir a los seres vivos en la práctica de la moral, en las diez virtudes y los cinco preceptos, para garantizarles un lugar entre los seres humanos y los dioses en la próxima vida?

—En el fondo, la verdad última nada tiene que ver con lo beneficioso. Es más, algo así perjudicaría a ambas partes, pues atraparía tanto a esa persona como a las demás. Para la primera, sería un obstáculo en el Camino; para las demás, las mantendría sujetas al renacimiento en los seis reinos.

—¿No enseña el sabio los cinco vehículos, cada uno distinto?

—El sabio no tiene intención de enseñar ningún método. Los métodos se manifiestan conforme a las aspiraciones individuales de los seres vivos. Por eso dicen las escrituras: «Si la mente se extingue, no hay ni vehículo ni pasajeros. Yo enseño el vehículo único, cuyo fundamento es precisamente que no hay vehículo».

—¿Cómo es posible que la gente no conozca ni reconozca a quien practica verdaderamente el Camino? —preguntó Umbral.

—Igual que los pobres no saben reconocer un tesoro invaluable, los charlatanes no saben reconocer a quien comprende la verdad.

—Hay charlatanes que no se rigen por la verdad. Por fuera parecen dignos, respetables y consagrados a la práctica correcta. ¿Por qué los siguen tantos hombres y mujeres?

—La atracción de la fama y de la apariencia externa es como una mujer promiscua rodeada de un enjambre de hombres. Y como la carne podrida, atrae un enjambre de moscas.

—¿Cómo es posible que los bodhisattvas participen en actividades mundanas sin perder la vía del Buda? —preguntó Umbral.

—Porque no disciernen entre el bien y el mal.

—¿Qué quiere decir no discernir?

—Que, pase lo que pase, no generan una mente.

—¿Es acaso que el agente no existe?

—No afirmes ni niegues la existencia de un agente.

—¿Entonces la consciencia no existe?

—La consciencia existe; el yo no existe.

—¿Cómo es posible que haya consciencia sin yo?

—La consciencia carece en sí misma de naturaleza perdurable.

—¿Qué problema hay con la palabra *yo*?

—No hay ningún problema en limitarse a conocer su significado. El problema radica en identificarlo con algo.

—¿Por qué identificar el yo con un objeto supone un obstáculo?

—La ausencia de obstáculos es lo mismo que la ausencia de cosas. ¿Qué obstáculo puede haber si no hay cosas?

—¿Cómo camina, se pone de pie, se sienta y se acuesta quien se ha liberado de la idea del yo? —preguntó Umbral.

—Simplemente camina, está de pie, se sienta y se acuesta. ¿Qué necesidad hay de la idea del yo? —respondió el Maestro Veracidad.

—¿Puede pensar y razonar quien se ha liberado de la idea del yo?

—Si crees que hay mente, la mente existe incluso cuando no piensas. Si comprendes que no hay mente, la mente no existe ni siquiera cuando piensas. ¿Por qué? Es como el maestro Chan que se sienta en silencio incluso cuando lo asedian los pensamientos. Incluso en medio del fragor de la tormenta, la mente no existe.

—¿Cómo deben reaccionar los novicios ante las amenazas en la práctica del Camino sin apartarse del Camino? —preguntó entonces el discípulo Umbral.

—No deben reaccionar en absoluto. ¿Por qué? Si es posible evitar el peligro, lo evitarán. Y si no, lo sufrirán. Si es soportable, lo soportarán. Si no es soportable, se quejarán de dolor.

—¿En qué se diferencian quienes se quejan de dolor de quienes creen en la idea del yo?

—Cuando golpeas una campana con el mazo, el sonido emana de ella de manera natural. ¿De qué sirve afirmar la existencia del yo? Si, cuando llega la muerte, intentas tomar el control de la mente apretando los dientes y soportando el trance con determinación, lo único que conseguirás es quedar preso en un yo aún mayor.

—Quien se queja es porque siente algo. ¿En qué se parece eso a la reverberación de una campana?

—Todo eso que dices es simple palabrería de una mente confundida. El Camino funciona por sí mismo cuando no hay ni mente ni discernimiento.

—Dicen que al sabio no lo hieren las armas, no le afecta el dolor, no lo constriñen las formas y no lo mueve la mente. ¿Qué opinas de eso?

—Cuando comprendes que todo carece de yo, da igual que emitas sonidos o guardes silencio, que estés quieto o te muevas: siempre permaneces uno y sin obstáculos en la verdad del Camino.

—¿Quién sabe conocer y reconocer al bodhisattva que se ha liberado de sus opiniones? —preguntó el discípulo.

—Quien haya comprendido lo conoce. Quien practica lo reconoce.

—¿El bodhisattva es capaz de instruir a los demás?

—¿Hay una luna o un sol que no brillen, o una lámpara que no ilumine?

—¿Qué medios hábiles emplea el bodhisattva?

—Es directo; no emplea métodos de enseñanza.

—¿Cómo puede beneficiar a los demás sin recurrir a tales métodos?

—Cuando algo se manifiesta, lo nombra; cuando las circunstancias lo exigen, responde, pero lo hace sin premeditación ni cálculo.

—Sin embargo, se dice que, tras la iluminación, Buda pasó siete días reflexionando y que después se levantó y usó recursos para instruir. ¿Por qué afirmas que no tenía mente reflexiva?

—Lo que perciben los budas no puede conocerse mediante el pensamiento o la reflexión.

—¿Buda mintió alguna vez?

—La verdad no miente.

—¿Por qué, entonces, las escrituras describen a Buda reflexionando y, sin embargo, tú afirmas que no lo hacía?

—Eso es un método aplicado a la enseñanza.

—¿De dónde surgen los métodos de los budas?

—No surgen de los budas, sino de la mente. Hay incontables formas de instruir a los demás, pero la realidad en sí misma es, en el fondo, innombrable.

Umbral, el discípulo, preguntó:

—No entiendo qué quieres decir con «Buda», «el Camino», «transformación» y «permanencia».

—«Buda» es comprender que nada posee existencia propia. «El Camino» es penetrarlo todo. «Transformación» es nacer en el ámbito de la realidad. La «permanencia» es la serenidad última.

—¿Qué quiere decir que todo es la enseñanza de Buda?

—Ni una cosa ni lo contrario: ese es el sentido de que todo es la enseñanza de Buda.

—¿Qué es una cosa y qué es no una cosa? ¿Qué no es una cosa ni no una cosa?

—Afirmar algo es designarlo como cosa. Negar algo es designarlo como no cosa. Aquello que no se puede determinar ni afirmando ni negando no se designa ni como cosa ni como no cosa.

—¿Por autoridad de quién se enseña esto?

—Esta enseñanza no acepta el «quién». ¿Para qué, entonces, hablar de autoridad?

—¿Cómo se imparte si no hay un quién?

—La verdadera enseñanza es que no hay quién y no hay enseñanza.

—¿Qué es, pues, una falsa enseñanza?

—Creer que hay algo que enseñar.

—Pero si existe la idea de un «quién», ¿cómo puedes decir que no hay quien la conciba?

—Ese «alguien que cree» no es más que una manera de hablar. En el discurso no hay «persona que habla», por lo que tampoco hay «persona que cree».

—Según tu explicación, los seres vivos deberían estar liberados desde el principio.

—Puesto que las trabas no existen, ¿quién necesita liberarse de ellas?

—¿Cómo llamas a esta enseñanza?

—Puesto que la enseñanza no existe, ¿cómo va a tener un nombre?

—Si esta es la enseñanza, aún no la comprendo.

—En realidad, no hay nada que entender; por eso no deberías intentar entender.

—¿Qué resta entonces?

—Que no hay ni principio ni fin.

—¿Tampoco existen la causa y el efecto?

—Sin raíces no hay ramas.

—Demuéstralo.

—La verdad no es algo que pueda demostrarse con pruebas.

—¿Cómo conocerla directamente, entonces?

—Conoce las cosas tal como son y míralas como iguales.

—¿Qué mente conoce algo así? ¿Qué ojo ve algo así?

—Se conoce no conociendo y se ve no viendo.

—¿Quién, pues, pronuncia estas palabras?

—¿Quién, pues, formula esa pregunta?

—¿Qué quieres decir con eso?

—Si sabes discernir quién formula la pregunta, conocerás la respuesta.

Umbral, el discípulo, reflexionó en silencio durante un rato.

—¿Por qué callas? —preguntó el Maestro Veracidad.

—No percibo nada, ni siquiera una mota de polvo.

—Parece que has vislumbrado el principio verdadero.

—¿Por qué solo parece que lo percibo? ¿Acaso no percibo correctamente?

—Esa ausencia de cosas que acabas de percibir se parece a lo que perciben los yoguis no budistas. Aunque dominan el arte de volverse invisibles, aún no saben eliminar su sombra ni borrar sus huellas.

—¿Cómo se elimina la sombra y se borran las huellas?

—En el origen, la mente y el objeto no existen. No generes pensamientos de surgir o extinguirte.

—¿Cómo hace preguntas la persona común y cómo enseña la persona sabia?

—Cuando surge la duda, la persona común pregunta y el sabio enseña para disiparla.

—Sin embargo, se dice que los sabios enseñan sin que les pregunten. ¿Qué se resuelve entonces? ¿Hay algo que enseñar? ¿O es que el sabio percibe las dudas de manera misteriosa?

—En ambos casos, el sabio trata cada dolencia con el remedio adecuado: como el eco que sigue al trueno.

—El gran sabio, Buda, no tenía intención de nacer. ¿Qué causó, entonces, su aparición en el mundo?

—En épocas de gran paz brotan las plantas propicias.

—¿Por qué parece que Buda muere si morir no era su destino?

—En épocas de hambruna se marchitan los cinco cereales.

—Dicen que la persona sabia interrumpe su meditación serena por consideración hacia los demás y que instruye movida por la compasión. ¿Por qué comparas el enorme poder de su liberación de los obstáculos con el de las plantas propicias?

—La meditación serena de la persona sabia es lo que los budistas llamamos «cuerpo de la verdad». El «cuerpo de disfrute» es el cuerpo físico, formado por los cuatro elementos. Lo que surge como respuesta al discernimiento conceptual de los objetos en la percepción de una persona se denomina «cuerpo de transformación». El cuerpo de la verdad no está sujeto a causas ni condiciones; el cuerpo de transformación no está limitado por las circunstancias. De la persona sabia, que aparece y desaparece a voluntad, se dice que nada la obstaculiza.

—¿Qué es, entonces, la compasión?

—Es sencillamente el cuerpo de transformación, libre del pensamiento, que encarna la verdadera vacuidad y responde con benevolencia y sin intencionalidad mental. Eso es lo que la gente insiste en llamar «compasión».

—¿Cuándo alcanzarán el estado de Buda los seres vivos que se consagran al Camino?

—Si careces de entendimiento, da igual que te consagres al Camino durante tantos siglos como arenas lleva el Ganges: no lo alcanzarás y seguirás sujeto al ciclo del renacimiento. Pero si desde el principio entiendes que tu propio cuerpo es el cuerpo de Buda, ¿qué más queda por entender sobre alcanzar la iluminación?

—Si las cosas son como dices, alcanzar la iluminación tendría que ser sencillo. ¿Por qué, entonces, se dice que hay que practicar durante tres largos eones?

—¡Porque es una tarea ardua!

—Pero si el estado de Buda ya está presente en este cuerpo mío, sin necesidad de renacimientos, ¿por qué dices que la tarea es ardua?

—Generar la mente es fácil; lo difícil es desprenderse de ella. Afirmar el cuerpo es fácil; lo difícil es negarlo. Hacer es fácil; lo difícil es no hacer. Has de saber que comprender la potencia misteriosa es difícil y que armonizar con la verdad asombrosa también lo es. La no acción es la verdad. Incluso los tres sabios rara vez la alcanzan.

En ese momento, el discípulo Umbral soltó un gran grito que resonó en las diez direcciones. Después, cuando se hizo el silencio, experimentó una comprensión profunda y luminosa, un conocimiento radiante que devolvió la claridad y disipó la duda. Por primera vez comprendió la extraordinaria dificultad de la práctica del Camino, y todos sus esfuerzos anteriores se le antojaron un sueño.

—¡Maravilloso! —exclamó—. Igual que el maestro enseña sin enseñar, yo oigo sin oír. Cuando enseñar y oír son uno, solo queda la serenidad del silencio. ¿Cómo llamaré a este diálogo que hemos mantenido?

Hasta entonces, el Maestro Veracidad permanecía inmóvil y en silencio, percibiéndolo todo, observando con detenimiento en las cuatro direcciones.

—La verdad suprema es misteriosa y sutil y no tiene nada que ver con el lenguaje —dijo—. Las preguntas que has formulado surgen de la mente que discrimina. Las palabras que pronunciamos en sueños se desvanecen al despertar. Ahora quieres que nuestro diálogo circule por el mundo y me pides que le ponga título. Para borrar nuestras huellas, te propongo que lo llames *Tratado sobre la cesación del discernimiento*.

LECTURAS COMPLEMENTARIAS

PRIMERA PARTE

Las traducciones de los discursos atribuidos a Buda se basan en las ediciones pali del Canon Theravada. Para ampliar la lectura sobre las enseñanzas del no-yo y otros temas del budismo temprano puede consultarse *In the Buddha's Words: An Anthology of Discourses from the Pali Canon*, traducido por Bhikkhu Bodhi (Wisdom Publications, 2015).

Para «Por qué la persona es como un carruaje», de *Las preguntas de Milinda* (*Milindapañha*, 25-28; 40-41), se ha seguido la edición de V. Trenckner, *The Milindapañho: Being Dialogues between King Milinda and the Buddhist Sage Nā-gasena* (Pali Text Society, Londres, 1890). Una traducción completa de la obra, a cargo de Maria Heim, se publicará en la colección *Murty Classical Library of India* (Harvard University Press).

«El habla convencional y el habla última» procede de un comentario de Buddhaghosa al *Anguttara Nikaya* (*Anguttara-atthakatha*, i.94-95), según la edición *Chaṭṭha Saṅgāyana* del Vipassana Research Institute (Igatpuri, 1995).

SEGUNDA PARTE

Para el capítulo 9 de los *Versos sobre los fundamentos del camino medio* de Nagarjuna y los comentarios de Tsongkhapa se ha seguido la edición del *Gelugpa Student Welfare Committee* (Sarnath, India, 2008). La traducción de la *Introducción al camino medio* y su comentario de Chandrakirti se basa en la edición de la *Kagyu Relief and Protection Society* (Sarnath, India, 1992).

LECTURAS COMPLEMENTARIAS:

GARFIELD, J., *Buddhist Ethics: A Philosophical Exploration*, Oxford University Press, Nueva York, 2021.

—, *Fundamental Wisdom of the Middle Way: Nāgārjuna's Mūlamadhyamakakārikā*, Oxford University Press, Nueva York, 1995.

HUNTINGTON, C. W., y G. N. WANGCHEN, *The Emptiness of Emptiness: An Introduction to Early Indian Madhyamaka*, University of Hawai'i Press, Honolulu, 1989.

JINPA, T., *Self, Reality and Reason in Tibetan Philosophy: Tsongkhapa's Quest for the Middle Way*, Routledge, Londres, 2003.

PADMAKARA TRANSLATION GROUP, *Introduction to the Middle Way: Chandrakirti's Madhyamakāvatāra with Commentary by Jamgön Mipham*, Shambhala Publications, Boston, 2002.

SIDERITS, M., y S. KATSURA, *Nāgārjuna's Middle Way*, Wisdom Publications, Boston, 2013.

Tsongkhapa, *Ocean of Reasoning: A Great Commentary on Nāgārjuna's Mūlamadhyamakakārikā*, Oxford University Press, Nueva York, 2006.

Williams, P., *Mahāyāna Buddhism: The Doctrinal Foundations*, Routledge, Londres, 2008.

TERCERA PARTE

El diálogo entre Bodhidharma y Huike procede del *Wumen guan* (*La barrera sin puerta*), caso 41, según la edición del *Canon Taishō* (n.º 2005, vol. 48).

Del *Wuxin lun* (*Tratado sobre la no-mente*) solo se conserva un manuscrito, el Stein n.º 5619, custodiado en la British Library. En el *Canon Taishō* (vol. 85, n.º 2831) figura una edición de ese manuscrito, reproducida en la presente selección con leves ajustes de puntuación. Versiones revisadas pueden consultarse en Suzuki Daisetsu, *Zenshū*, vol. 2 (Iwanami, Tokio, 1968), pp. 216-219, y en el estudio de Urs App, «Mushinron: un texto hallado en Dunhuang», *Zenbunka kenkyūjo kiyō*, 21 (1995), pp. 1-69, que incluye una traducción al inglés.

Existen seis versiones manuscritas del *Jue-guan lun* (*Tratado sobre la cesación del discernimiento*), todas descubiertas en la cueva-biblioteca de Dunhuang. Cuatro se conservan en la Bibliothèque nationale de France, una en Pekín y otra en Japón (manuscrito Ishii, colección privada). El texto utilizado en esta edición sigue la versión establecida por Gishin Tokiwa y Seizan Yanagida, *Zekkanron: Eibun yakuchū, gembun kōtei, kokuyaku* (Kyoto: Zenbunka Kenkyūjo, 1976), pp. 87-99, con leves modificaciones de puntuación. El estudio de Tokiwa y Yanagida incluye un análisis textual completo y una traducción al inglés.

Para profundizar en la escuela de la Montaña Cabeza de Buey (*Oxhead*), véase John Robert McRae, «The Oxhead School of Chinese Ch'an Buddhism: From Early Ch'an to the Golden Age», en *Studies in Ch'an and Hua-yen*, editado por Robert Gimello y Peter Gregory (University of Hawai'i Press, Honolulu, 2021), pp. 169-252; y Shun'ei Hirai, «The School of Mount Niu-t'ou and the School of the Pao-T'ang Monastery», trad. Silvio Vita, *East and West*, 37, n.º 1-4 (1987), pp. 337-372.